华章经管
HZBOOKS | Economics Finance Business & Management

历史上的交易智慧

朱武祥
范家琛 /著

魏朱商业模式理论
视角的解析

The wisdom
of business model
in Chinese history

图书在版编目（CIP）数据

历史上的交易智慧：魏朱商业模式理论视角的解析 / 朱武祥，范家琛著 . -- 北京：机械工业出版社，2022.1
ISBN 978-7-111-69579-0

I. ①历⋯ II. ①朱⋯ ②范⋯ III. ①商业模式 – 研究 – 中国 IV. ①F71

中国版本图书馆 CIP 数据核字（2021）第 241190 号

历史上的交易智慧
魏朱商业模式理论视角的解析

出版发行：	机械工业出版社（北京市西城区百万庄大街22号　邮政编码：100037）		
责任编辑：	张竞余	责任校对：	殷　虹
印　　刷：	北京市荣盛彩色印刷有限公司	版　　次：	2022年1月第1版第1次印刷
开　　本：	170mm×230mm　1/16	印　　张：	14
书　　号：	ISBN 978-7-111-69579-0	定　　价：	69.00元

客服电话：(010) 88361066 88379833 68326294　　投稿热线：(010) 88379007
华章网站：www.hzbook.com　　　　　　　　　　　　读者信箱：hzjg@hzbook.com

版权所有・侵权必究
封底无防伪标均为盗版
本书法律顾问：北京大成律师事务所　韩光 / 邹晓东

| PREFACE |
序　言

古往今来,出现过不少商贾奇才和经世济民的治国能臣,例如,古代的范蠡、管仲、桑弘羊、王安石,近代的胡雪岩、盛宣怀。他们有过人的商业智慧,包括敏锐的商机洞见能力和交易设计智慧,总是能以更高的效率、更低的成本化解难题,实现目标。这些商业智慧至今仍然有很好的借鉴意义。

人们以往从不同的角度分析和介绍他们的商业智慧。本书在已有的文献资料的基础上应用北京大学汇丰商学院魏炜教授和清华大学经济管理学院朱武祥教授联合创建的魏朱商业模式理论,从业务活动的资源能力交易结构的角度,用一致性的商业逻辑去解构这些商贾奇才和经世济民的治国能臣的商业智慧。

魏朱商业模式理论定义商业模式就是业务活动系统及利益相关者的交易结构，即从事哪些业务活动？如何完成业务活动并获利。商业模式思维就是交易思维，交易的基础是各交易主体的资源能力包括优势、普通、闲置、沉没的资源能力。用你自己拥有的能够给目标交易主体创造商业价值的资源能力，去交易你需要的、被其他交易主体掌握的资源能力，缓解你的资源能力约束，最大化你的资源能力价值。

从本书介绍的案例中，希望你可以体会和学习这些商贾奇才及治国能臣的交易智慧。

本书写作过程中，已有文献及资料为我们提供了良好的素材内容基础，得到北京化成天下公益基金的资助，师嘉禾撰写了胡雪岩案例初稿，谭智佳撰写了比较完整的范蠡案例，机械工业出版社华章公司的张竞余编辑和刘径健编辑为本书的出版费心审稿编辑，特此致谢！

感谢清华经济管理学院EMBA陈先保、陈永杰、王华春、赵国成和姜海林同学对清华大学经济管理学院商业模式创新研究中心的捐赠支持!

朱武祥

清华大学经济管理学院金融系教授

清华大学经济管理学院商业模式创新研究中心主任

| CONTENTS |

目 录

序　言

第 1 章　魏朱商业模式理论基础·1

第 2 章　商圣范蠡的商业交易智慧·21

第 3 章　管仲助力优化中央财政·35

第 4 章　古代土地财政增收模式·49

第 5 章　古代朝廷兴商助农减负模式·67

第 6 章　交易风险管理模式创新·95

第 7 章　胡雪岩的金融交易模式智慧·119

第 8 章　洋务运动的官商混改模式·139

第 9 章　冼冠生与近代中国营销模式创新·163

第 10 章　欧美近代商业模式趣事·183

参考文献·209

CHAPTER1 | 第 1 章

魏朱商业模式理论基础

问题提出

商业模式概念正式出现于 20 世纪 50 年代，一直没有引起业界和学术界重视。商学院研究和教学更多地集中在战略、组织与人力资源、营销、会计、金融等企业的职能领域。到 2000 年前后，互联网企业的涌现引起业界和学术界关注，商业模式逐渐成为一个热门领域，受到业界、投资界和政府的广泛重视。

人们越来越意识到，商业模式创新与技术创新、产品创新同样重要，不可割裂。一方面，技术创新和产品创新

历史上的交易智慧：
魏朱商业模式理论视角的解析

本身就有模式。好的研发模式，能显著提高研发效率、降低研发成本和风险。例如早期的CVC模式、现在的众包模式。另一方面，技术创新和产品创新转化为效益，也需要模式。例如，营销背后就是商业模式：直接售卖、租赁、拍卖等都是商业模式范畴。人们普遍认为，好的商业模式可以事半功倍，甚至四两拨千斤。国内一些大企业还成立了商业模式部，例如华为。国家知识产权局还将商业模式视为企业的核心知识产权，允许申请商业模式专利。

经济学人智库（Unit，2005）对4000多名企业高层管理者的调查显示，绝大多数管理者更喜欢通过创新商业模式，而不是产品创新和服务创新，来构建竞争优势。Giesen等（2007）对765名董事总经理的调查研究显示，成功的公司对商业模式管理的重视程度是不太成功的公司的两倍。"因为颠覆性技术的出现而有必要创造新商业模式"成为全球大型企业高管的共识，特别是在中国、美国和欧洲国家的企业（Conference Board，2018）。普华永道（2018）对十多个行业的120余位中国"独角兽"企业高管的调研结果也显示："新技术不断出现（57%）"和"颠覆性业务模式的出现（45%）"是未来1～3年影响公司的

第 1 章
魏朱商业模式理论基础

首要外部因素。

任正非近年来多次提到华为要重视商业模式创新。在2019年11月15日接受《华尔街日报》采访中,任正非指出:"美国公司走的是商业模式创新与技术创新兼容的高水平道路,在产品还没有完全成长起来的时候,就已经构建了一个世界级、全球化的商业计划。我们公司因为眼界低,从山沟沟里出来的,没有见过世面,都是从技术创新开始做。研发人员都自认为是天之骄子,等产品出来才想到做商业模式。经常是产品做出来一两年了,还不知道怎么卖,发展速度比美国公司慢一些。"

任正非强调,商业模式是华为的长期弱项。我们在ICT行业长期是追赶者,天然假设商业模式已确定、不可更改。我们现在能提价值定价,其实要感谢前人构建了良好的商业模式,比如无线产业,爱立信、诺基亚、西门子等构建的模式依然让华为长期受益。华为要成为领导者,就一定要考虑商业模式的构建问题。面向长期的发展,我们一定要考虑商业模式的问题,不能只考虑定价问题,要把商业模式创新和产品创新看成一样重要。

刘强东曾认为,一个公司出现困难,第一时间要反思

历史上的交易智慧：
魏朱商业模式理论视角的解析

自己的商业模式和团队有没有问题。

什么是商业模式？如何描述商业模式，或者说商业模式有哪些构成模块？如何设计好的商业模式？

商业模式定义及评价标准

随着商业模式成为热门，人们从不同的角度对商业模式进行定义和解构模块。到目前为止，商业模式有近50种不同的定义或说法，五花八门，业界众说纷纭，尚未形成共识。例如，"做生意的方式""赚钱的方式""企业资源配置的方式""价值创造、分配和传递的逻辑""企业业务活动系统及治理结构""把用户价值转换为企业价值的方式""在创造用户价值过程中用什么方法获得商业价值"等。

哪个定义比较合适？需要有一个评价标准。我们认为，评价商业模式定义有五个标准。

第一，视角独特性

为什么需要商业模式概念？因为对观察到的商业现象，已有学科理论解释不了，已有模型方法应对不了。例如，战略、经营策略相同，初始竞争优势资源能力禀赋少，管理看似薄弱的企业，战胜了优势资源能力禀赋多的企业。因此，需要命名和定义一个新的概念，来表达新的商业现象，新概念要与现有的学科概念区隔开来，表示其他学科没有涉及的内容，是尚未探知的新领域。另外，还需要解构这个新的商业现象，揭示其内在规律，创建新的分析、评估工具来应用这个新概念，指导商业实践提高效率、提升效益。

第二，学术抽象性

要用精练的语言提炼出概念的本质，不能用一大段话描述。

第三，现实具象性

在学术抽象的同时，商业模式概念能够让人们在脑海中形成具象感，可以感知到商业模式具体是个什么东西，可以观察到，可以描述出来。如果同一家公司的团队按照某个商业模式定义，感知出来自己公司和业务的商业模式差异很大，说明该商业模式定义缺乏具象性。

第四，活动完整性

企业经营的目标是盈利，但需要完成研发、制造、渠道、营销、服务、融资等多个活动，才能创造价值、获得收益。把商业模式定义为盈利方式，显然非常局限。因此，商业模式定义应该包含企业涉及的全部活动。

第五，适用普适性

好的商业模式定义不能只适合创业企业、中小微企业，或者只适合大企业，应该适合所有企业，甚至还要适合社会组织、个人等。

按照上述五个标准，我们可以发现很多商业模式定义都有局限性：或者不独特，定义的内容包含了战略等学科定义的内容；或者太抽象，不具象。例如，商业模式是业务系统及治理结构，业务系统通常被描述为业务模块的构成，治理结构通常理解为外部投资人与公司管理层之间的委托代理关系。商业模式是价值创造、传递和分配的逻辑。什么是价值创造？什么是逻辑？并不清晰，或者太局部，不完整。例如，把商业模式定义为盈利模式、做生意的方式、用户价值转换为企业价值的方式，或者换句话说，是在创造用户价值过程中用什么方法获得商业价值，这些问题仍然模糊、不清晰，具象程度不够。

魏朱商业模式概念解读

我们从 2005 年开始研究商业模式，通过不断打磨，形成了比较完整的魏朱商业模式理论框架。该框架包括定义、构成模块、描述方法、设计框架及评价框架。

2007 年，我们把商业模式定义为"业务活动系统及利益相关者的交易结构"。

业务活动系统

企业开展经营活动，需要完成一系列活动，包括业务活动和管理活动。不同的企业可以选择从事不同的业务活动，企业从事的业务活动集合就是企业的业务活动系统。中国武术流派，如太极拳、少林拳、咏春拳等，最大的不同是动作设置。一家餐饮店因为厨师的厨艺水平高，受到消费者青睐，门庭若市。下一步扩张，需要增加店面，可以采取直营或者特许加盟模式。不管采取哪种方式,都会面临厨师不足的问题。解决这个问题有两种思路,涉及的业务活动不同。

思路一:增加厨师供给,需要增加厨师招聘和管理活动。

思路二:不增加厨师供给,而是增设菜品研发部,把现在的名厨聘请为菜品研发部总经理,把厨艺过程及食材配料标准化,通过加工中心或者中央厨房,向门店配送。

显然,思路一和思路二涉及的业务活动差异很大,是两种不同的业务活动系统。

业务活动的利益相关者的交易结构

企业如何组织内外部资源能力来完成选择的活动并获利?正如中国的书法,动作相同——起笔、运笔、收笔,但因笔顺不同、力度不同,形成了不同的字体,企业完成每个活动需要配置相应的资源能力,而企业自身的资源能力往往不足,需要配置企业内外部资源能力,发挥优势,弥补劣势或缺口。

例如,餐饮店实现增加店面的计划,可以采用直营或

第 1 章
魏朱商业模式理论基础

者特许加盟模式。两种模式要完成店面经营活动，都会涉及与店长、员工、厨师、食材供应商等利益相关者的交易。直营模式、特许加盟模式的外部利益相关者的交易结构有所不同，直营模式和特许加盟模式内部的利益相关者的交易结构也不相同。

商业就是交易，模式就是交易结构。个人、企业、政府做任何事情都有模式，交易无处不在，模式如影随形！当然，不同商业模式的成效和风险不同。魏朱商业模式定义落脚点在活动的利益相关者交易结构上，即如何完成活动。交易结构是商业术语，业务活动和利益相关者的交易结构都很具象，可以观察到和描述清楚。例如，项目有BOT、TOT、PPP、EPC、EPCO等模式，融资有信托、租赁、保理、ABS等模式，都可以描述出其活动构成及完成活动的利益相关者的交易结构。

企业的商业模式就是企业选择从事的全部活动及完成这些活动的利益相关者的交易结构总和，包括研发、制造、销售、服务、融资等活动的商业模式。因此，魏朱商业模式定义符合独特性、抽象性、具象性、完整性和普适性等。

历史上的交易智慧：
魏朱商业模式理论视角的解析

魏朱商业模式构成模块

商业模式构成模块也有多种说法，以下是几种比较受欢迎的模块构成（见表1-1）。

表 1-1

提出者	构成要素
Hamel(2000)	核心战略、战略资源、价值网络、客户界面
Afuah&Tucci(2001)	客户价值、范围、定价、收入来源、关联活动、实现能力、持久性
Osterwalder(2004)	客户价值主张、目标客户、客户关系、渠道、关键资源能力、合作伙伴、关键业务、成本结构、收入模式
克里斯坦森	客户价值主张、盈利模式、关键流程、关键资源
周鸿祎	产品模式、用户模式、推广模式、收入模式

Osterwalder等人提出的九模块商业模式理论最受青睐。作者构建这个模块的初因是为创业者提供一个规划商业运营的模块化思考工具。但其中一些内容并不是商业模式内容，例如，客户价值主张、目标客户是营销定位问题；成本结构是商业模式的结果，并不是商业模式本身的内容；关键业务也不是商业模式，是战略的内容；关键资源和能力是设计商业模式的基础，不是商业模式本身。实际上，

第 1 章
魏朱商业模式理论基础

非关键资源和能力也可以通过交易获利。另外,九模块没有包含活动的交易结构。就好比给出了人体的模块,却没有勾画出人体的模块是如何关联的。

在魏朱商业模式定义中,业务活动系统容易清晰描述出来,如何具体描述业务活动系统的运作,例如,研发、制造、销售、服务、融资是怎么完成的。我们进一步把业务活动系统分为四个模块。

交易主体及资源能力

与谁交易,即交易主体,也可以说是交易对象或者利益相关者。交易什么东西或者标的物?本质上是资源能力:产品、服务、资金、品牌、资质、渠道、数据等。

交易主体就是掌握了相应资源能力的行为主体,可以是自然人、企业法人、政府等;可以是内部交易主体,包括员工、业务部门、分子公司等;可以是外部交易主体,包括供应商、经销商、服务商、客户、金融机构、投资人等。

做任何生意,都需要配置相应的资源能力,提供产品服务。要获得竞争优势,还需要配置优质的资源能力。资

历史上的交易智慧：
魏朱商业模式理论视角的解析

源包括资金、资产、品牌、人力、信息、客户关系等，能力包括商机洞察能力、组织能力、交易能力等。资源能力往往掌握在不同的企业法人、政府或自然人手中。

每个人、每家企业的资源能力禀赋并不相同，除了扬长避短，还需要扬长补短，获取完成生意所需要的资源能力。扬长补短、获取资源能力的途径有三种：自己积累、市场买入（包括企业并购）、合作。每种途径本身有不同的模式，成效有差异。自己积累需要投入资金、时间、能力和精力，比较慢，也有风险；市场买入，特别是企业并购花费比较大，并且并购整合难度大。通过巧妙的交易设计，择优交易主体，可以高性价比获得资源能力，高效完成生意——降低投入成本、经营成本和经营风险，增加收益。

不同的交易主体，掌控资源能力的数量、层次和报价不同，产生的交易价值也不同。商业交易高手，往往善于找到性价比高的交易主体，包括同行、有影响力的用户——大V、意见领袖、群主等，能够降低经营成本和风险，事半功倍，四两拨千斤。

第1章
魏朱商业模式理论基础

交易方式

如何交易？交易方式是连接交易主体之间的纽带。按照交易主体，可以分为：

（1）与外部利益相关者（用户、供应商、经销商、代理商、投资人、政府等）的交易方式。例如，与用户的交易方式有销售、租赁、赠送、授权、拍卖等；与投资人的交易方式有股权、信贷、信托、融资租赁、可转债等。

（2）与企业内部利益相关者（员工、部门、分子公司等）的交易方式。例如，雇用、购买、合伙等。

不同交易方式的交易效率不同。例如，对昂贵设备，可以采用多种交易方式。

（1）直接销售：自己销售，通过经销商/代理商销售，通过客户销售；

（2）租赁：自己设立租赁公司销售，通过第三方租赁公司销售；

（3）不出售，提供委托加工服务；

（4）只出售部分权利：出售使用权、经营权。

在选择交易方式时，需要综合考虑交易主体和交易标的物的个体特征，设计好的交易方式，提高成交率、交易效率和交易价值。

交易收支方式

不只是企业自身如何获得收入，还包括如何给其他交易主体（利益相关者）支付。具体可以细分为四个内容。

（1）收支定向：从何处获得收益，上游还是下游，硬件、软件还是服务，流量产品还是增值产品，向谁支付？

（2）收支定式：固定、分成、价差、佣金等。

（3）收支定纲：基础量纲（成本、利润率、回收期等）；行业量纲（对互联网企业，可以按流量、点击率定价）。对线下卖场，可以按面积、位置、堆头等量纲定价；对教师来说，可以按课时、职称、名气、效果（课堂效果、后续效果）定价。

（4）收支定量：收支额度的量化。

交易风险管理

包括经营风险管理和行为风险管控。

（1）经营风险管理。企业不免面临经营风险，如何通过交易设计，降低经营风险？如何在利益相关者之间合理分配经营风险？例如，很多农业产业龙头企业采用"公司+农户"的养殖模式。如果出现价格下跌或疫情造成损失，谁来承担？要么企业或农户独立承担，要么双方分担，或引入第三方分担，例如，保险公司、政府。如果经营风险分配不当，利益相关者的交易结构就难以持续，很可能利益相关者转变为利益冲突者。

（2）行为风险管控。交易主体（利益相关者）要么是法人，要么是自然人，都有趋利避害的本性，甚至损人利己的机会主义行为倾向。中国的成语里有很多表达人性负面的词语。例如，偷工减料、营私舞弊、缺斤短两、以次充好等，严重的有过河拆桥、忘恩负义等，两人之间内外串通被形容为狼狈为奸。行为风险需要有效管控和遏制，行为风险管控不当，容易增加企业的经营和财务风险。

例如蛋壳公寓，因为自身商业模式的固有风险，加上疫情导致退租和空置率增加，租金收入下降，不能支付房东的租金等问题，引发了房东与租客、蛋壳等利益相关者之间的冲突，利益相关者变成了利益冲突者。

魏朱商业模式设计要点及步骤

商业模式优化设计的基本原则是：以问题为起点，以资源和能力为基础，以人性为本，以技术为手段（互联网、物联网、区块链等），以交易增值为导向，以税法、法规、会计准则为框架的优化。

问题是商业模式优化设计的起点，包括自身问题，用户、经销商、供应商面临的问题，行业面临的问题等。具体表现为，缺乏资金、资质，品牌，渠道等。

资源能力是商业交易的微观基础。

资源能力可以分为四类：产品、硬件要素、经营资源和经营能力。经营资源很丰富，例如，客户需求量、流量、数据、品牌、渠道、信用等级、特许权、专利、资本市场通道，等等；经营能力，也就是我们常说的本事，包括：组织、策划、风险管理能力等。经营资源和能力，就像化学元素，需要不断去发现。

可以进一步细分为：优势资源能力，弱势资源能力，普通资源能力（业内普遍都有，既不是优势资源能力，也不是弱势资源能力。例如，公募基金牌照在业内是普通资

第 1 章
魏朱商业模式理论基础

源能力,一些资质在其相关的行业内也是普通资源能力),闲置资源能力,沉没的资源能力;按时间可以分为当前的资源能力和未来预期可获得的资源能力。

资源能力的识别范围包括:①企业自身拥有的资源能力,②可利用的外部资源能力(包括供应商、经销商、客户、同行、金融机构、政府等产业链、生态圈中的经营主体)。

第一,商业模式视角的资源能力,其最终目的是交易,应关注自身资源能力是否可以与当前及潜在利益相关者资源能力形成互补增值效应。因此,不只是关注你自己的资源能力,还要关注产业链、商业生态中,当前及潜在利益相关者的资源能力。

第二,积极利用自身资源能力的优势、稀缺性、难以模仿性,和普通甚至闲置的资源能力。例如,小米科技公司,一方面,寻求富士康、TCL 代工,弥补自身制造能力的不足;另一方面,把自己在产品需求端的设计方法论、供应链管理、社群、品牌等相对于创业者的优势资源能力(相对于格力、联想等公司并非优势资源能力),赋能于创业企业,帮助他们提高创业成功率。

第三,不只是关注主业竞争优势,还关注主业经营过

历史上的交易智慧：
魏朱商业模式理论视角的解析

程中衍生出来的资源能力。衍生的资源能力，可以增加企业的产品或者业务板块，丰富企业为用户创造价值的角色，甚至成就企业的角色转型。

例如，海底捞本来是一个常规的餐饮连锁企业，通过直营或者特许加盟模式实现规模扩张。海底捞在餐饮主业发展过程中，海底捞在店面店长和员工等人力资源管理、供应链管理、仓储物流等方面形成了优势资源能力，海底捞把这些优势资源能力服务于同行，即与同行交易，帮助他们提高效率，降低成本，增加收入。

第四，不只是关注当前资源能力，也关注下一阶段预期可获得的资源能力及商业价值。

第五，不只是关注交易主体的单一资源能力，还关注其多样化的资源能力，进而产生多样化的交易可能性。例如，众筹模式，就是利用了用户的多种资源能力和多样化的角色（包括产品使用者、投资人、营销员、测试者）。

识别了资源能力，还需要进一步发现其商业价值，为择优交易主体（利益相关者），创造交易机会提供基础。商业模式设计水平高低，表现在资源能力的识别及商业价值发现的能力上。凡是可以产生商业价值的资源能力，都在

第 1 章
魏朱商业模式理论基础

该能力的关注范围之内,都可能进行交易。

利益相关者要么是企业法人,要么是自然人,都有利益诉求,都想自身利益最大化,都存在机会主义的行为风险,甚至损人利己。因此,一方面要顺应人性,一方面要遏制损人利己的行为。

交易增值是交易实现的前提,如果不能产生交易增值,交易主体就没有进行交易的动力。交易增值包括增加收益、降低成本、减少风险。

商业模式设计步骤包括:第一,分析解决问题需要涉及哪些业务活动。第二,分析这些业务活动需要配置哪些层次的资源能力,特别是需要哪些关键资源能力,确定其数量。第三,分析你自己的资源能力状况,拥有哪些资源能力,哪些是优势资源能力,哪些是劣势资源能力,缺少哪些资源能力。第四,寻找外部有哪些可利用的资源能力。第五,设计交易结构,通过交易价值的分配,吸引外部交易主体贡献其拥有的资源能力成为利益相关者,并参与交易,缓解自身的资源能力约束,高效完成活动,获得收益,各利益相关者皆大欢喜。

优化设计商业模式有六个角度——经营、技术、金融、税务、会计、法律。

学习商业模式有多个作用：

（1）可以优化你自己或者你所在企业的商业模式。

（2）为你的用户、供应商、经销商等利益相关者优化设计商业模式。例如，病毒式裂变营销就是给用户设计的商业模式。

（3）对投资人来说，可以评价目标公司商业模式的优劣、风险，判断未来商业模式可能升级的方向，预见企业投资价值的增减。

（4）帮助你分析对标企业或者竞争对手的商业模式，学习亮点，发现破绽，从中找到竞争切入点或者合作的切入口。

商业模式是一种软产品，其成效会随经营环境和竞争状态的变化而失效、老化或者同质化。移动互联网、物联网、人工智能、区块链等信息数据智能科技对产业、行业以及企业的商业模式产生重大影响。包括重塑业态、重组分工、重定角色、重造流程、重构模式。

因此，需要不断迭代优化甚至重构。随着社会分工的细化和资源能力日益丰富，流动性越来越强，可交易的资源能力也将越来越丰富，商业模式创新大有可为！

| CHAPTER2 | 第 2 章

商圣范蠡的商业交易智慧

范蠡,春秋时期楚国人,别名陶朱公,被称为商圣,是春秋时期著名的军事家、政治家、外交家和企业家。相传范蠡是尧帝后人,周朝衰落后四散流落,改取范姓。传言其记忆力、理解力超群,年幼爱琴,家中无琴只能阅读相关书籍,后与同龄幼子打赌,一天之内结合书本知识学会抚曲,谓之"生而达音律"。

在帮助越王勾践大败吴国、一雪前耻后,成为复国功臣的范蠡却急流勇退,退仕入商,华丽转型为一代巨贾。据《史记》记载"十九年之中三致千金,再分散与贫交疏昆弟",范蠡三次获得千金巨富,均是散财后的白手起家,投资生产有胆有谋。

历史上的交易智慧：
魏朱商业模式理论视角的解析

很多人提到范蠡都会说他有经济学家的潜质，指出他总结的"论其有余、不足，则知贵贱"说明了供需是价格的决定因素，他提出的"贵上极则反贱，贱下极则反贵"表现了他对价格周期性波动的认识，有远远先于时代的经济敏感度。

《太平广记·神仙传》中说范蠡"在越为范蠡，在齐为鸱夷子，在吴为陶朱公"，《史记》称其"范蠡三迁皆有荣名"，他三次赚取千金，三次散财于民，直至年岁近百无疾而终，被誉为"商圣""商祖"，后人总结了陶朱公商训三则、经商十八忌、范蠡经商十二则、致富十二戒、三谋三略等许多范蠡的经商之道。除此之外，后人重读其事，又甚慨于其全局观。

降低经营风险

范蠡贩马——巧借资源规避经营风险

齐国有良驹，吴越有需求。在齐国经商的范蠡打算把齐国的良驹贩运到吴越。但马匹从齐国运到吴越，路途遥远，途经战乱地区，有强盗出没，马匹的安全面临巨大的风险。如何解决？

第 2 章
商圣范蠡的商业交易智慧

按照魏朱商业模式理论的思维,关键是要找到拥有能够降低甚至消除路途贩运风险的资源的人,即交易对象,然后说服他参与交易,贡献资源能力。

范蠡在城门和闹市口张榜宣告:新成立一支马队,愿意免费为客人运输货物到吴越。很快许多有运输需求的商户前来报名。范蠡挑选了运量适宜、货物损坏风险低的布料商姜子盾为其免费运输货物。他多年往返于齐国和吴越做生意,已经买通了沿途强盗,与之同行不会受到袭击和打劫。因为能免费运货,姜子盾承诺在货运路途中,给马匹喂食,还负责清点数量、检查伤病等,保障马匹健康到达。

范蠡通过张榜公告的邀请方式,用低成本发现了拥有能够降低路途中打劫风险的资源能力者姜子盾。通过免费运输这个筹码,吸引姜子盾成为交易主体和利益相关者,消除了经营风险,获得了厚利。

珠宝生意风险管理

范蠡生意越做越大,富可敌国,涉及的领域多元化。一段时间,范蠡看上了珠宝买卖。但范蠡发现珍宝买卖风险较大，因为珠宝极精美，且价格不菲，购买后如果不能出售，就会造成很大损失。

范蠡与卖家磋商讨论，先支付一小部分定金，写明字据留作凭证。随后，范蠡拿着少量样品游说宣传。如果有下游客户购买，范蠡则向卖家补全差价，完成收购交易。如果一定期限内没有下游客户购买，则该定金作为微利贷款，卖家在出售货物后还本付息。

范蠡确定销售目标后才去支付珠宝全款，规避珠宝积压的资金产生损失。可以说，这是我国最早的期权交易模式。

优化业务活动的分工合作模式

肉牛养殖 OEM 模式——委托农户养殖

范蠡发现齐国的肉牛存在很多问题：品种退化，成长速度慢，饲料转化率低，成牛产肉量不高，而且大都是役牛体衰后作为肉牛食用，肉质口感均远不如范蠡家乡楚国宛邑的肉牛。而齐国居民消费能力上升，对牛肉需求增加。

第 2 章
商圣范蠡的商业交易智慧

范蠡筹划从家乡宛邑引来良种繁育肉牛,满足齐国民众的消费需求,具体流程如图 2-1 所示。

首先,范蠡从家乡楚国宛邑引入肉质鲜美的土牛品种,在齐国进行繁育。饲料方面除了草地放养外,还补充一些范氏种植业副产品,如秸秆、果蔬、瓜皮等。养殖环节采取加盟模式,由养殖骨干指导加盟养殖户,按要求投入范氏繁育场繁育的断奶牛犊,以范氏饲料场加工的副产品喂养;同时,由范氏旗下医护人员负责疫病治疗。

养殖户相当于受范氏集团委托完成养殖任务,获得劳动收入和提成。农资投入完全来自范氏集团,养殖过程听从医护人员和养殖骨干监工的指导。

育肥牛被送至范氏屠宰作坊,完成屠宰后,产出牛肉、牛下水、牛皮等,再分别由肉食加工作坊、饮食加工作坊、皮毛加工作坊完成粗加工,最终由范蠡的船队、车队配送到各个贸易渠道,由地区代理商组织,并"逐什一之利"销售给下游批发商或消费者。

范蠡在经商过程中秉承"逐什一之利"的盈利原则,即以 10% 的毛利迅速提高产品销量,通过高流量带动信息搜集、供应链管理、物流运输、贸易渠道、人力资源等环

历史上的交易智慧：
魏朱商业模式理论视角的解析

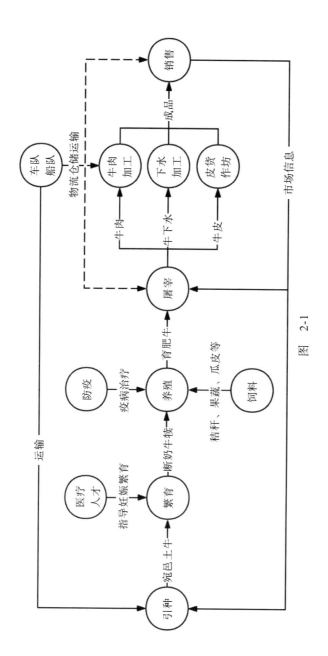

图 2-1

第 2 章
商圣范蠡的商业交易智慧

节的发展。详细运作流程如图 2-2 所示。

范蠡通过委托养殖的模式,把自身与齐国当地原有肉牛养殖户之间的竞争关系,转变为委托合作关系,降低了养殖成本,为交易双方创造了可观的收益,实现了合作共赢。

打造产业链

朱砂产业链

范蠡受齐王委托发展齐国经济,为齐国发展盐业和贸易,五年后有所成就,辞官还乡,带领五十亲信,离开薄姑前往陶邑。陶邑地处火山带,盛产各类矿产,尤其是朱砂(硫化汞),颜色正是人们最喜爱的正红色,当地多用于无釉陶器和朱红建筑等,但产量少,皆为家庭作坊生产,炼制技术和运输贸易能力差,优质产品没能普及。

在传统的经营模式(见图 2-3)下,家庭作坊去开采商处购买朱砂原矿,然后自行磨碎成砂,浸水沉积过滤掉杂质后可做成粗质朱砂;一些大型作坊或下游加工作坊进

历史上的交易智慧：
魏朱商业模式理论视角的解析

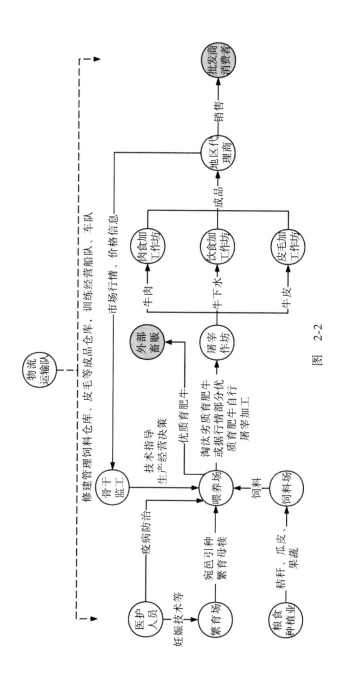

图 2-2

第 2 章
商圣范蠡的商业交易智慧

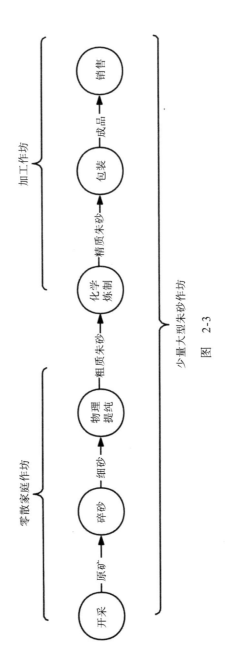

图 2-3

一步将粗质朱砂和海藻等混合炼制,形成高浓度精质朱砂,装入陶瓮后出售,用于陶器和建筑。

春秋中后期经济发展的同时,佛教也兴盛起来,朱砂用于大量庙宇建筑和美术绘画中,朱砂的需求稳定上升。范蠡之所以落户陶邑,选择在这里二次创业,是因为之前经商和挂职期间他经常途经这里,发现了陶邑作为枢纽的地缘优势,朱砂越来越大的需求,当地盛产朱砂原石,且陶邑治水良好、良田广袤。

凭借对市场信息的洞察、物流运输、品牌渠道等资源能力,范蠡在原有生产销售的产业链结构上,进行了纵向延伸。如图2-4所示,生产的朱砂中,大量精质朱砂根据市场价格变化,按照不同比例销售给下游的建材、绘画、陶器商人,或者自行加工成陶器印染产品再通过渠道关系销售。同时产出的少量次级朱砂,原本是处置给当地朱砂贩子的,但在机缘巧合下发现朱砂可燃且火势急,后引入研发人才,加入硝石、雄黄、蜂蜜(燃烧变炭)等其他原料,配比为军火炸药,销往秦国,这在《范子计然》中有所记载。

范蠡还设置了废料处理作坊,将废料填埋,人工池处

第 2 章
商圣范蠡的商业交易智慧

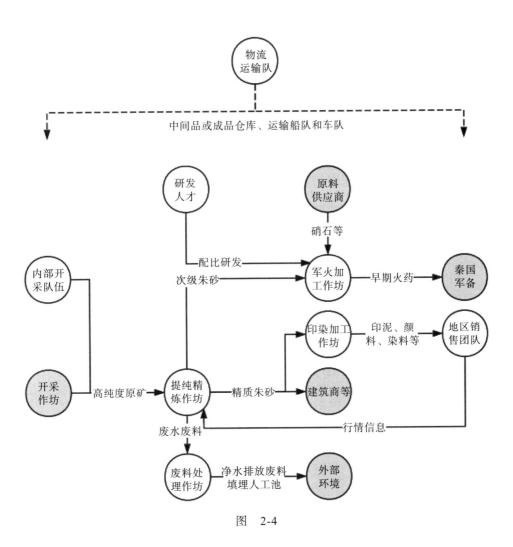

图 2-4

历史上的交易智慧：
魏朱商业模式理论视角的解析

理，净水排放，避免污染居民生活环境，这与在当地植树修路一样，一方面履行社会责任不产生负外部性，另一方面有助于会聚人口和车队以运输，同时产生经济价值。

除了复用人力、信息、供应链、物流、销售的基础环节资源能力外，范蠡的产业链思想在此案例中还体现在风险配置上。掌握市场行情的地区销售团队，将价格信息迅速汇总至朱砂提炼作坊，迅速调整不同产品比率和库存销售情况，作坊比上游的开采者和下游的砂贩或建材商，更有价格风险管理能力。因此，作坊通过较稳定的采购合约和预付定金的出售合约，固定了采购和出售价格，在产业链条上优化了风险配置。

从畜牧养殖开始，范蠡尝试另一种新的劳动交易模式，即学徒模式。"陶朱猗顿之富"中的池盐巨擘猗顿，最初以畜牧业发家，他的老师正是范蠡，其第一桶金也来自范蠡。

范蠡的肉牛产业链形成之后，猗顿作为一个"耕则常饥，桑则常寒"，即种地庄稼死、养蚕蚕不活的潦倒年轻人，从鲁国跑到齐国向范蠡取经。范蠡看中了他坚韧毅力、求富心切的决心，于是包吃包住让其在肉牛产业链的"二

第 2 章
商圣范蠡的商业交易智慧

队、三场、四作坊"学习养殖生产经验和技术，学成后送其十金作为启动资金，另加母牛、母羊各十头。后猗顿回到鲁国西河，辛勤经营，扩大规模，"十年之间，其息不可计，赀拟王公，驰名天下"。后来猗顿一直不忘范蠡帮扶恩情，在临猗县修建了陶朱公庙。

对范蠡而言，猗顿作为学徒免费劳动恰可抵扣其学成后获得的启动资金，而他之后带动一方肉牛产业发展，与自己在齐国的肉牛业务在集采、人才、运输等方面形成协同，培养企业关系和影响力等，为范蠡这位"富好行其德者"带来其他的经济和社会价值，故范蠡并未为了投资的经济回报而入股猗顿。

◆ 评　论

范蠡所著《致富奇术》已经失传，但从其所作所为，我们能看到一个跳出两两博弈的交易关系，看到使产业链各环节间交互影响的智者。

范蠡明白个体最优收益可能不如整体稳定优化后个体的长期收益，也明白一味追求全局最优而忽略某个体的损失可能影响最优目标的实现。范蠡摆脱传统扩张遵循的贱

历史上的交易智慧：
魏朱商业模式理论视角的解析

进贵出商道，着力培养产业链基础环节的资源能力并复用，以期为传统产业带来转型和价值创造，同时分享赢得的利益。范蠡选择管理或交易的方式延伸产业链，通过风险、收益、成本再分配等，优化产业链各环节的配置，提高系统创造的价值。

| CHAPTER3 | 第 3 章

管仲助力优化中央财政

管仲,春秋时期颍上人(约公元前 723 年—公元前 645 年),姬姓,管氏,名夷吾,周穆王后人,中国古代春秋时期法家代表人物之一,是著名经济学家、政治家、军事家等。在担任齐国相国期间,管仲一方面通过国内政治、经济、军事改革来增强齐国政府的资源能力优势,极大地改善和提高了齐国的资源能力状况。另一方面利用齐国政府的资源能力优势进行了一系列政治、经济、外交活动,取得了一系列成功。

我们挑选了菁茅谋、石壁之谋、金龟借粮等故事,对其中蕴含的交易智慧进行分析。

历史上的交易智慧：
魏朱商业模式理论视角的解析

管仲为周天子设计的"祭天菁茅"吸金模式

春秋时期，随着诸侯各国的崛起，作为天下共主的周天子，自身的势力开始衰落。在周襄王前几代周天子的统治时期，各诸侯国的百姓就向诸侯交税，而不向周天子交税。周天子只能对自己直辖统治的周王畿地区的百姓征税，而且诸侯对周天子进贡的贡品也日益减少，周天子的收入水平大幅下降。周襄王登基后，不得不为开支发愁，但自己又没有什么好的办法，只好找到曾建议齐桓公助自己登基的管仲，寻求解决方案。

管仲欣然接受了这个咨询项目，且不收取任何费用。虽然周天子的势力已经开始衰弱，但仍然是天下共主。为周天子提供免费的财务咨询服务，管仲虽然不能得到经济上的直接收益，但可以帮助自身和齐桓公强化原有的一项资源能力优势——与名义上的统治者周天子的友好关系。利用这项资源能力，管仲可以撬动周天子的资源能力来为齐桓公称霸提供支持。齐桓公一旦成为霸主，作为其仲父的管仲的收益自然水涨船高。因此，管仲虽然没有收取咨询费，却可以通过后续的交易机会，获得更高的未来收益。

第3章
管仲助力优化中央财政

管仲是怎么完成这个咨询项目,帮这位权势日渐衰落的周天子实现创收的?

交易结构设计,应当立足于交易主体的资源能力优势,产生新的交易内容,创造新的交易价值。要帮助周天子设计交易模式,需要先对周天子的资源能力状况进行盘点。周幽王烽火戏诸侯后,西周灭亡,周王室原有的资源能力优势不断丧失。到了周襄王统治时期,天子的资源能力优势已经寥寥无几,大概只有三点:一是对周王畿地区的直辖统治权;二是作为天下共主,周天子有权授予或剥夺诸侯荣誉。这一点对那些追求声名和社会地位的诸侯来说较为重要;三是周天子仍然掌控着祭祀仪典的管理权,虽然祭祀仪典的管理权不能强化周天子的实际统治权,但对当时的贵族来说,宗庙是十分神圣的,仍具有一定影响力。

确定了周天子的资源能力及交易价值状况后,还需要确定交易的对象。当时,周天子可选择的交易对象有两个:百姓和诸侯。以周天子对百姓的影响力为划分依据,可以将百姓划分为周王畿内百姓和其余百姓。对周天子直接管辖周王畿内百姓,周天子已经通过征税的方式得到收益。如果在他们身上再施加其他经济负担,可能会造成周王畿的子民暴动。因此，周王畿内的百姓不是好的交易对象。对其余百姓，周天子不拥有直接管辖权，直接管辖他们的是当地的诸侯。如果将这些百姓作为周天子的交易对象，很有可能会激化周天子与诸侯之间的矛盾，反而可能进一步削弱周天子的威权，这样的结果是管仲不想看到的。因此，百姓并不适合作为周天子的交易对象。

那么可选择的交易对象只剩下诸侯了。对于这些诸侯，周天子不能直接索取经济利益。一方面，索取成功的概率较低；另一方面，这种行为也很可能激化周天子与诸侯之间的矛盾，应当基于周天子自身的资源能力优势来设计与诸侯之间的交易模式。周天子所拥有的三点资源优势中，只有第二点和第三点可以对诸侯产生影响。但这两点资源优势都不能直接创收，周天子不能公开售卖荣誉或就祭祀收费，如何构建合理有效的交易方式和盈利模式？管仲利用周天子的资源能力优势对中间产品进行了赋能和营销，再利用产品进行创收，"祭天菁茅"吸金模式如图3-1所示。

菁茅是一种特产于长江流域的三条脊梗直接贯穿到根部的茅草，楚国常年进贡菁茅给周天子，多用于祭祀仪典，是一种价值含量极低的物品，但管仲却使其变得价值连城。

第 3 章
管仲助力优化中央财政

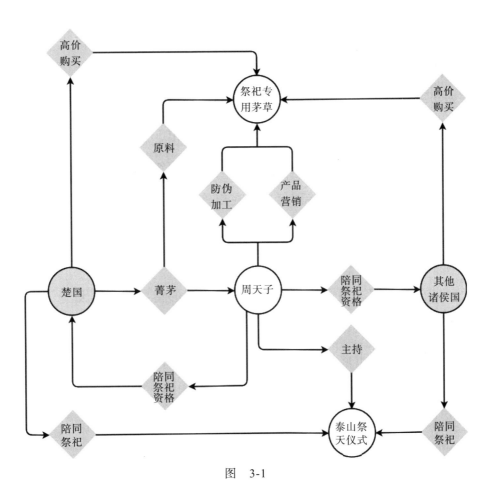

图 3-1

历史上的交易智慧：
魏朱商业模式理论视角的解析

周天子在管仲的建议下对库存的菁茅进行加工，赋予其更加具有仪典气息的造型。整个加工过程严格保密，同时，给这些精加工的菁茅烙上特殊的识别印记，以防其他诸侯特别是楚国贵族仿造。完成对菁茅的加工后，由周天子发布诏书，宣布要前往泰山举行祭天的仪典。同时，此次祭天仪典特许各国诸侯陪同前往。此消息一出，立即引爆了诸侯群体，因为祭天是当时社会文化习俗中级别最高的仪典，是专属于天子的特别仪典。在以往的祭天仪典中，诸侯是不能参与的。因此，此次仪典对各地诸侯来说弥足珍贵，诸侯们争相赶往参加此次仪典。

在成功调动诸侯的积极性后，在管仲的指导下，周天子发出了第二道诏书——凡是随天子去参加祭天仪典的诸侯，都必须携带此次祭天仪典专用的"祭天菁茅"作为祭祀之用，以示对上天的敬重。没有携带这种"祭天菁茅"的诸侯，不得参与祭天仪式。为了能够参与天子的祭天仪典，诸侯们争相出重金采购"祭天菁茅"，"祭天菁茅"的价格出现井喷式上涨的情况，短短数日内上涨了十几倍，一捆便可以卖出百金之价。作为销售方的周天子因此赚得盆满钵满，仅仅在三天时间内卖茅草所赚的钱，就相当于

第 3 章
管仲助力优化中央财政

周王畿七年的财税收入了!

管仲利用周天子手中的祭祀典礼掌控权这一资源能力优势,对本一文不值的菁茅进行赋能营销,将其变成了祭祀所需的圣物,同时授予诸侯参加祭天典礼的特权,创造了周天子与诸侯之间的交易机会,成功地将菁茅卖给了这些诸侯,周天子获得了可观的收入,解决了其阶段性的财政难题。而诸侯们则通过此次交易,用自身的资源能力优势——财富换取了参与祭天仪典的机会,其效益得到了提升。此外管仲本人也获得了收益,齐国与周天子之间的关系更加牢固,为齐桓公称霸提供了有力的支持。

在菁茅之谋中,管仲利用周天子自身的资源能力为产品进行赋能营销,取得了巨大的成功。此种赋能营销的模式不仅可以用自身所拥有的资源能力进行赋能,还可以利用自身的资源能力来撬动他人的资源能力,让他人代为赋能。

管仲为齐王设计的"石壁之谋"创收模式

葵丘会盟是春秋时期的一次军事外交盛典,由齐桓公主持召开,齐、鲁、宋、卫、郑、许、曹等国的诸侯参与

历史上的交易智慧：
魏朱商业模式理论视角的解析

了会盟，周襄王也派代表参加，并在会盟现场对齐桓公进行了表彰，官方认证了齐桓公的地位。从政治和军事的角度来看，此次会盟无疑是十分成功的，葵丘会盟是齐桓公多次召集诸侯会盟中最为盛大的一次，是齐桓公的霸业达到顶峰的标志，但从经济角度来看却不是很理想。因为这是一场单方面召开的会盟，与会的各路诸侯并没有缴纳参会费用，全部费用由齐桓公承担，这无疑对齐桓公造成了很大的财政压力，也给齐桓公原本规划的朝拜天子之行造成了财务上的困难。齐桓公找到管仲，寻求解决方案。

此时，齐桓公的资源能力优势有两点：

（1）政治声望。葵丘会盟后，齐桓公成为诸侯中的霸主，有一批诸侯追随于齐桓公，其余诸侯则不敢正面与齐桓公对抗。这是葵丘会盟产生的新资源；

（2）与周天子之间的友好关系。周襄王是齐桓公一手扶持的，齐桓公在称霸过程中主张尊王攘夷，极大地抬高了周襄王的地位，而周襄王则在齐桓公称霸的过程中给予了支持，为齐桓公的霸主地位提供官方认可，两人的友好关系在葵丘会盟的时候得到进一步提升。

但是，齐桓公的这两点资源优势都不能直接产生经济

第 3 章
管仲助力优化中央财政

效益。如果利用第一点资源优势来向其余诸侯直接索取经济好处,那么齐桓公很有可能会失去其霸主地位,得不偿失。而周天子自己也没什么钱,就更别想直接从他身上得到直接经济利益了。

为了解决这个问题,管仲又一次运用了赋能营销的方法。不过,鉴于齐桓公的第一点资源能力不便于直接给产品进行赋能,管仲选择利用齐桓公的第二点资源能力优势撬动周襄王的资源能力来为产品赋能,因此管仲为齐王设计了"石壁之谋"创收模式(见图3-2)。

管仲构建了齐桓公、周襄王和其余诸侯三个交易主体之间的交易模式。首先,管仲让齐桓公召集工匠,将一处乱石岗的石头,按自己所拟定的标准雕制成一块块的石壁,一尺长的定价一万,八寸的定价八千,七寸的定价七千,石珪定四千,石瑗定五百,并将这些石壁命名为"石破天惊壁"。随后,管仲代表齐桓公前往周王畿朝拜周天子,同时对周天子与其弟姬带之间的矛盾进行了调停,帮助周襄王解决了内部管理问题。加之葵丘会盟之时齐桓公有意抬高周襄王的地位,周襄王已经从齐桓公处获得了丰厚的利益,乐于助齐桓公一臂之力。

历史上的交易智慧：
魏朱商业模式理论视角的解析

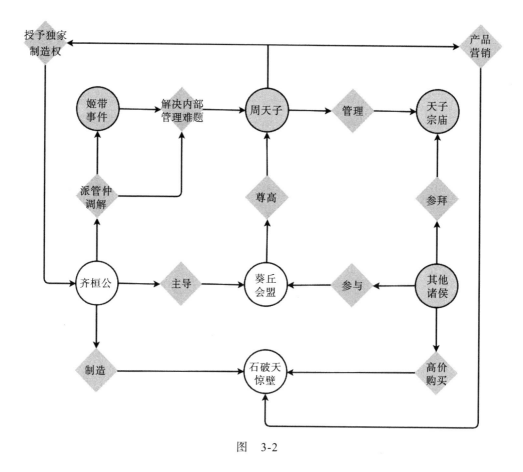

图 3-2

第 3 章
管仲助力优化中央财政

管仲向周襄王提出齐桓公希望能够率领诸侯来周王畿朝拜天子宗庙，进一步抬高周天子的地位，但希望周襄王颁布诏令——凡是来朝拜先王宗庙的诸侯，都必须带上由齐国制造的"石破天惊璧"，作为献给天子的贡礼，否则，不准入朝。天子宗庙本来是允许诸侯朝拜的，但鉴于此举可以提升自己的地位并进一步强化与齐国的友好关系，周襄王应允了管仲的请求，并颁布了相关诏令。于是，天子的礼制馅饼又一次砸在了诸侯们的头上，诸侯们为了抓住这次机会去朝拜天子宗庙，纷纷载着黄金、珠玉、粮食、彩绢和布帛，争相购买朝拜的门票——"石破天惊璧"，齐之石壁流通于天下，而天下财物流归于齐。

通过这个交易模式，管仲帮助齐桓公以极低的成本解决了财务难题，同时也帮合作人周襄王抬高了政治地位，作为第三方的诸侯则以财物换得了他们所重视的特殊待遇，参与交易的三方都获得了满意的回报。

当然，上述两个交易模式仍有改进的空间，无论是"祭天菁茅"还是"石破天惊璧"，其盈利模式都为单一的进场费模式，即消费者通过支付进场费获得某种权利，诸侯们正是通过购买这两种物品获得了陪同祭天和参拜天子宗庙的资格。没有后续收费。其实可以在组合计价的方式基础上采用"进场费+油费"的盈利模式，以"祭天菁茅"为例，可以在不持有菁茅者不得陪同祭祀的基础上，增加一条规定，依据诸侯所持菁茅数量安排祭天顺序与站位的规定，人为划分等级，进一步激发诸侯们的购买积极性，盈利水平可以进一步提高。

为金龟赋能套现的模式

如果有人告诉你，有一户人家从地中挖出了一只乌龟，你会怎么做？或是将此事当作茶余饭后的谈资，或是去现场探个究竟，但终归是一件闲闻趣事。而管仲却能利用这么一件闲闻趣事创造可观的经济收益——金龟赋能套现模式（见图3-3）。

齐桓公时期，北郭有人掘地而得龟，管仲将此事告与齐桓公，齐桓公在管仲的建议下派遣使臣找到那人，册封其为齐国中大夫，并赐黄金百两，官方宣布此龟为东海海神，命该中大夫将此龟奉为无价之宝而收藏于大台之上，每天血祭四牛，赐名为无价之宝，几年时间神龟的事情远近闻名，各地的朝拜者慕名而来。四年后齐桓公发兵征伐

第 3 章
管仲助力优化中央财政

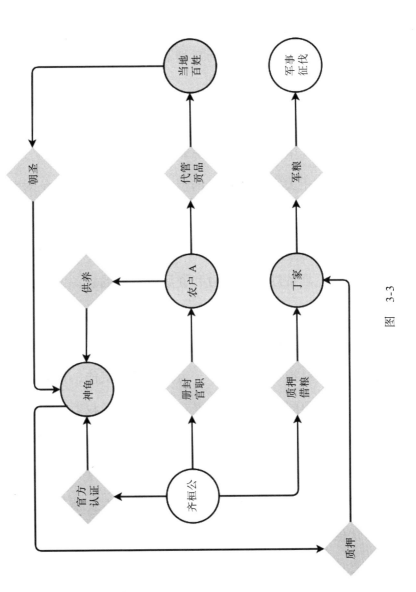

图 3-3

历史上的交易智慧：
魏朱商业模式理论视角的解析

孤竹国，需要筹集军粮，此时又了解到有一大户丁家，所藏粮食颇多，遂以该神龟为质押品向丁家借粮，所得粮食足够三军五月之用。

此交易模式中的交易主体有三个：齐桓公、神龟＋农户、丁家，其中齐桓公的资源能力优势在于其手中的官方认证权以及相关官职和财富的授予权，希望投资神龟对其进行赋能以便在未来获取收益。神龟＋农户的资源能力优势在于其离奇的经历，其经历拥有很好的炒作潜力，但是二者本身不具备炒作的能力和资源。丁家的资源能力优势则在于其所藏的丰厚粮食。这个交易过程可以分为两部分：第一部分，对神龟进行赋能投资。管仲利用齐桓公的资源能力优势来对神龟进行炒作，为神龟进行赋能，提高其价值，在赋能的同时，齐桓公也获得了神龟的权益，使其日后可以借助此神龟来创造收益。第二部分，利用神龟进行质押借粮。军事作战需要消耗大量金钱和粮食，现金购买粮食的成本很高，而用神龟抵押借款的成本就很低了，以此方法借款，齐桓公可以节省因借购粮资金而产生的利息，成功将过去对神龟的投资套现，获得了一定的经济收益。

CHAPTER4 | 第 4 章

古代土地财政增收模式

中国数千年都是一个农业大国，中国的历史与土地息息相关，历朝历代的帝王都重视农业，政府、地主、农民三方在以土地为标的物的交易中不断变换模式。对中国古代的中央政府来说，土地的归属和分配问题一直是涉及社会稳定、财政收入和王朝延续的重要问题。为解决土地问题，缓解社会矛盾，历朝政府曾经推行过多种土地制度。例如，商周时期的井田制、秦代的名田制、王莽时期的王田制、汉末和三国时期的屯田制、北魏至唐初期间的均田制等。此外，还有分户令、青苗法等改革举措，改变与农户的交易内容。这些土地制度的设计框架中蕴含着先人的交易智慧。

历史上的交易智慧：
魏朱商业模式理论视角的解析

秦国分户令——增加交易主体和税收基础

战国初期，秦魏少梁之战后的第二年，秦献公去世，其子嬴渠梁继位，为秦孝公。孝公在位期间励精图治，变法求强，改变了秦国积贫积弱的现状，秦国国力日渐强盛，为始皇嬴政横扫六国，一统天下，奠定了坚实的基础。

秦孝公在位期间最具影响力的举措是任用商鞅在秦国进行变法改革，推行新政。商鞅变法极大地推动了秦国国力的增长，主要内容包括废井田、开阡陌，实行县制，重视农桑，奖励军功，实行连坐之法、推行"分户令"等。

何为"分户令"？据《史记·商君列传》记载，孝公三年（公元前359年），在商鞅的主张下，秦国政府颁布了"分户令"，规定"民有二男以上不分异者，倍其赋"，意在通过加倍征收赋税来强制拆分秦国国内所盛行的父母与所有子女同居一户的大家庭制度，推行以一夫一妻及其未成年子女构成的小家庭。

孝公十二年，商鞅进一步强化了"分户令"的内容。"令民父子兄弟同室内息者为禁"，将父与子、兄与弟在同一房屋内居住这一行为列为违法行为，一经发现，依法重处。通过立法手段强制拆分了那些宁可缴纳多倍赋税也不

第 4 章
古代土地财政增收模式

愿意分户的家庭，实现了小家庭制在秦国境内全面推行。

商鞅为什么要在秦国境内强制推行小家庭制，它为秦国经济发展和国力提升带来什么好处，又是怎样发挥作用？

在分析"分户令"的影响之前，有必要先了解一下秦孝公执政期间秦国的税收制度。可以把秦国政府的部分职能进行简化，将其看作一个企业，定位为公共服务的提供者。交易主体为秦国民众，交易的内容为社会管理、军事保障和税收。交易方式为：秦国政府向秦国民众提供社会治安管理、司法、个人财产所有权的保护、军事保障等服务，而秦国民众则需向政府缴纳税收，并承担一定的徭役。在交易定价上，秦国政府获取固定收益，即民众按相关法令规定所上缴的固定税赋，而上缴税赋后的收益归民众所有。

据史记《秦本纪》记载，孝公时期，秦国采用户赋的税收政策，云梦秦简上的记载表明，秦户赋是以份地为依据，按户进行征税。户数决定了秦国政府的收益总额，政府要想在不改变定价模式的情况下扩大税收，需要增加交易主体的数量，即增加户数。同时，户数还是民众向政府提供徭役的标准。战国时期，秦国非战时徭役的征发是以户为单位，每一户需要向政府提供一定的徭役，用于非军事性的役作"更"和军事性质役作"戍"。秦国政府面临的问题是，秦孝公推行休养生息的政策后，秦国的人口增长迅速。但由于秦人多崇尚大家庭制度，秦国户数的增长速度远低于人口增速，秦国政府的税收无法分享人口增长带来的红利，"分户令"则是用于解决该问题的政治手段（见图4-1）。

"分户令"是通过政治手段，把大家庭拆分为小家庭，创造更多的交易主体，鼓励垦荒，扩大耕地面积，增加政府收益。

实行分户后，一个原本拥有一父两子（成年）的大家庭将被分为三个小家庭，每一个小家庭都需要向政府缴纳税收并提供徭役，分户后政府得到的税收和徭役数量会是分户前的三倍，但强制分户可能会导致民众的反抗。

为解决该问题，秦国政府在推行分户政策的同时推出了相关优惠政策：其一，允许和鼓励垦荒。对于主动积极分户的家庭，秦国政府允许并帮助其新建家庭进行垦荒。新建家庭的耕地总数可能远远多于原来大家庭拥有的耕地

第 4 章
古代土地财政增收模式

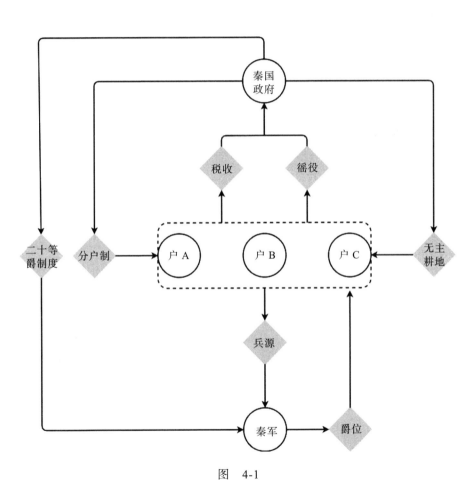

图 4-1

总数，在保障家庭收入的基础上，给予其获得更多剩余收益的机会，以调动民众分户积极性，也为社会经济进一步发展提供了强劲的动力支撑；其二，为家庭中的次子提供获得财产和爵位的机会。周朝推崇嫡长子继承制，对民众生活产生的影响很大。在原有的大家庭制度下，只有嫡长子可以继承家中的财产和爵位，而次子们则没有继承权。"分户令"使次子在一定条件下，可依法从父母处分得一份家产，而分户后生产所得的财产归自己所有，不存在次子创造的财富被分配给长子的问题，进一步挖掘和开发了社会生产力的潜力。同时，新推行的二十等爵制度也让次子和其子孙拥有了获得爵位的机会，进一步调动了分户的积极性。

◆ 评 论

"分户令"使秦国的家庭结构发生了翻天覆地的变化。以父子关系为主导的大家庭转变为以夫妻关系为主导的小家庭，家庭凝聚力的来源也由家法凝聚转变为经济凝聚。"分户令"所创造的小家庭，拥有血缘亲密度高、生产积极性高、财产关系简单等优点，不仅有利于增加国家财政

第 4 章
古代土地财政增收模式

税收、推动耕地开垦,还有利于扩大兵源,显著地提高了秦国的国力,为后期秦国开展对外战争提供了经济和兵源支撑。

桑弘羊,巧设"公田与流民救济"的模式

汉武帝统治的中期,汉王朝与北方匈奴多次开战。在战争中,汉王朝获得了河套平原和河西走廊等大片土地。此外,由于桑弘羊推行的算缗告缗政策,政府以财产税的方式从国内富商手中获得了大量土地,因此,汉武帝政府拥有大量的可耕种土地。由于政府自身不直接进行耕种活动,这些可耕种土地多被闲置,土地资源利用率低,所以出现了较为严重的土地兼并现象。地方豪强兼并了大量原来属于农民的土地,小部分无地农民成了豪强的雇农,而大部分无地农民则成为流民。这不仅造成劳动力资源的闲置,还对社会安定造成了严重威胁。

政府拥有多余的耕地资源而无耕种之人,无地流民空有劳力而无可种之地。这个问题如何解决?

常规解决方案:向无地流民出售、租赁政府的土地,或者政府直接雇佣流民耕种。这些解决方案面临以下问题:

首先，政府的土地不能出售，土地所有权无法转让；其次，无地流民没有钱，无力向政府购买或者租赁土地进行耕种。即使低租金也难以承受；最后，如果采用政府直接雇佣农民耕种的方式，雇农生产积极性不高，且政府需要支付大笔费用。

主管汉王朝财务工作的桑弘羊最后设计了新的土地收益分成租赁模式来解决这个难题（见图4-2）。

该租赁模式包括两个交易主体，拥有土地、设备等资源要素但缺乏劳动力的政府和只拥有劳动力而缺乏其他生产要素的无地流民，交易标的物为可耕种土地和粮食。政府与无地流民订租赁协议，不收取货币形式的租金。农民需要将耕种所得的粮食按比例缴纳给政府，作为土地的租金。具体的缴纳比例视所租土地的生产潜力和租赁方的具体情况而定，一般高于正常的农业税税率。

通过该交易方式，政府开发了闲置的土地资源，获得了一定量的粮食收入，解决了流民安置问题。而原本无地的流民则获得了土地的使用权，能够重新生产，流民变为新农民。保证了新农民生存，政府和新农民的收益较交易前都有所增长。新农民的收入增长可以减少社会动乱、带

第 4 章
古代土地财政增收模式

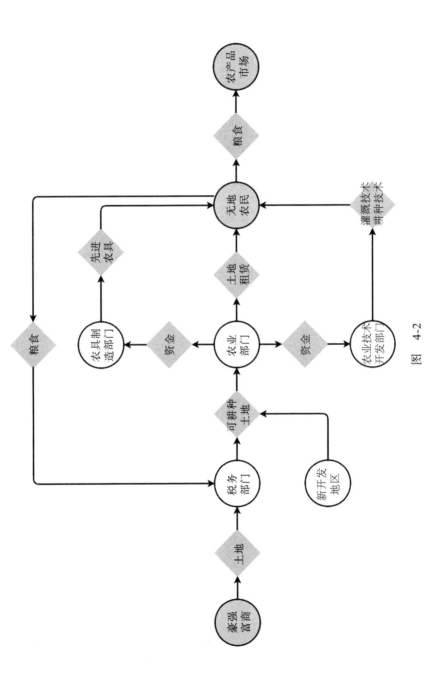

图 4-2

动其消费的增长，进而促进其他工商业的发展。

继假民公田之后，桑弘羊又推出了其他的"假公与民"项目，将政府的闲置车辆、渔船、土地等生产要素以较低的租金租赁给商人或者个体户用于生产经营，降低了工商业发展的成本，同时增加了政府收入、提升了社会的消费需求，拉动工商业进一步发展，且扩大了税基，为政府增加了税收，形成良性循环。

失败的政府与农民的土地交易设计——王莽的"王田制"改革

王莽创立的新朝在西汉末期和东汉之间，由汉王朝外戚王莽篡权所建，只在历史的长河中存在了短短的15年，只有王莽一个皇帝，类似于武则天建立的周朝。虽然王莽的新朝存在的时间很短，但王莽在这15年内推行了大量新政。虽然绝大部分都失败了，但是给后世政府提供了大量经验借鉴。在这些新政中，最具争议的，莫过于王莽创造的"王田制"。

西汉初建之时经济低迷，西汉政府奉行"黄老之道"，实行"无为而治"的治国方略，放松了对土地所有权的管

第 4 章
古代土地财政增收模式

控。土地私有制迅速发展，土地兼并也愈演愈烈。到汉武帝时期已经发展至"富者田连阡陌，贫者无立锥之地"的局面。恶性的土地兼并使大量农民失去土地变成流民，或者成为地主的佣工、奴仆等。那些掌握大量土地资源的大地主不仅恶意兼并土地，还躲避政府课税，导致国家财政状况恶化，并致使社会矛盾激化。西汉政府多次尝试遏制土地兼并问题，但都以失败告终，西汉土地问题的示意图如图 4-3 所示。

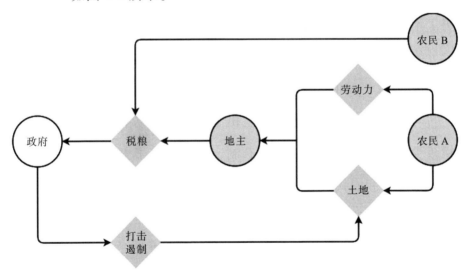

图 4-3

王莽通过"禅让"建立的新朝，并没有改变原有的土地兼并状况，问题愈发严重。为解决土地问题，王莽托古

历史上的交易智慧：
魏朱商业模式理论视角的解析

改制，开始推行"王田制"。"王田制"的本质是通过变封建土地私有制为封建土地国有制来改变政府与农民之间的交易模式，并剔除地主这一交易主体，以优化交易模式。具体内容为：以《诗经》中"普天之下，莫非王土"为依据，将全国的所有土地变为皇帝所独有的王田，实行土地国有制、废除土地私有制。私人不得买卖土地，违者重处；同时给予人们土地使用权。土地所有权的交易以人口为单位，一户有男丁八口的，给予九百亩土地的使用权；如果一家男丁不足八口，其使用的土地超过九百亩者，须将多出部分分给宗族邻里；原来没有土地者，则按上述制度授予土地使用权，"王田制"运作原理如图4-4所示。

与之前的土地制度相比，王田制度下的交易对象的数量减少了。由于废除了土地私有制，地主失去了土地的所有权，变得和农民一样，只拥有劳动力，地主团体也就不复存在了。政府不需要再去监督大地主，也不需要再去打击土地兼并行为。在原有体制下，政府为土地所有者提供土地私有权的认证和保护，后者向政府缴纳一定数额的税粮。实行王田制后，政府和农民之间的交易标的物变成了田地的使用权，农民缴纳的税粮带有租金性质，双方的交

第 4 章
古代土地财政增收模式

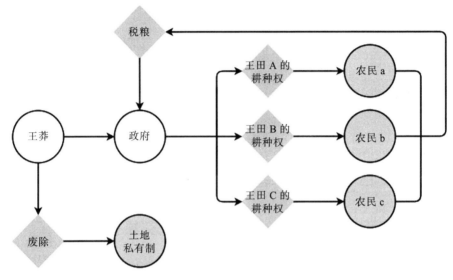

图 4-4

易方式也变成了租赁模式。

王田制度存在比较多的缺陷：

（1）交易量纲过于简单，只按户内人数授予特定数目的田地，没有按交易对方的特点和田地的肥沃程度进行具体分类，不能很好地满足交易对象的需求，也容易产生交易过程中的不公平；

（2）侵害了原来的地主的利益。新朝作为封建地主阶级政权，是建立在地主阶级的支持之上的，"王田制"增加了王莽自身和农民的收益，但严重损害了地主的利益，产生强烈的反对势力。致使王莽不得不在始建国四年（公元12年），即推行"王田制"的第三年，废除了该制度。

虽然"王田制"无果而终，但给后世政府提供了借鉴。曹魏政权时期，曹操参考了前朝政府的土地政策并对其加以改进，实行"屯田制"。把所有荒地一律收归国有，建立屯田区，分给流民耕种，取得了显著成效。

北魏孝文帝均田制改革——细分土地及交易主体

"均田制"是古代中国社会一种极具影响力的土地制度，始创于北魏孝文帝太和九年（公元485年），废除于唐德宗建中元年（公元780年），历时近300年，在中国土地制度的历史上写下了浓墨重彩的一笔。"均田制"有"王田制"的部分特点，可以说是"王田制"的优化版。

北魏建立政权时，皇帝、政府、大地主和大牧主占有大量土地资源，而农民手中的土地资源十分稀少，还要承担繁重的赋税和劳役，加上自然灾害等因素的影响，北魏的农民处在风雨飘摇之中。社会矛盾的不断激化，威胁到北魏政权的统治。北魏政权需要改善农民的生存环境，缓和社会矛盾，同时发展农业生产，以解决国家粮食和财政

第 4 章
古代土地财政增收模式

收入问题,"均田制"由此应运而生。

"均田制"的出现是北魏政府对封建土地生产模式的重构,其制度内容的设计既有对"王田制"和"屯田制"的继承,也有依据实际情况而进行的创新。一方面,"均田制"的目的与"王田制"和"屯田制"相近,就是把政府拥有的土地的使用权出让给农民,将政府的土地资源和农民的劳动力相结合,政府通过租金或税收来分享土地生产的收益。另一方面,"均田制"调整了政府与农民的交易方式和交易标的物,还改动了政府的盈利模式,提升了交易效率和交易价值,"均田制"的运作机制如图 4-5 所示。

与前述的"王田制"相比,"均田制"有三大创新之处:

(1)**将土地国有制与土地私有制相结合**。"均田制"没有像"王田制"一样将全部土地国有化,而是允许地主等保留一部分私有土地,土地国有制和土地私有制并行,保障了地主阶级和官僚阶级的所得利益。因此,"均田制"推行起来阻力小,稳定性要远高于"王田制"。

(2)**细分了交易标的物和交易主体,精准交易,提高了交易效率**。为提升交易的精准度和效率,"均田制"对

历史上的交易智慧：
魏朱商业模式理论视角的解析

交易的标的物——国有土地和交易对象——授田户进行了分类。

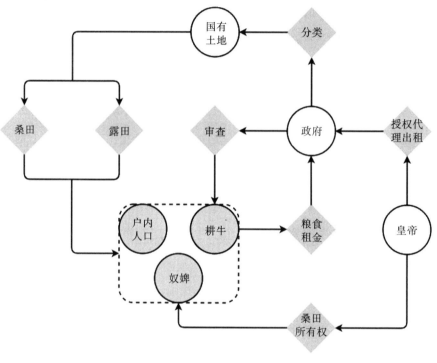

图 4-5

北魏政府将所有田地分为露田、桑田、麻田和宅田四种，其中露田、麻田为国有制土地，所有权属于国家，不允许私人买卖；桑田和宅田则是私有制土地，允许私人自由买卖。"均田制"下政府所授田地为露田和桑田，不涉及

64

第 4 章
古代土地财政增收模式

麻田和宅田。交易对象方面,北魏政府以户内人口数量、耕牛数量和奴婢数量为标准对交易对象进行了区分,对不同户授予桑田和露田的使用权。

北魏政府规定,对年满 15 岁的男性成丁授 40 亩露田及 20 亩桑田;对年满 15 岁的女性成丁授 20 亩露田;老者、年满 11 岁未成年者、残疾者,按成丁人口的授田标准减半分配;奴婢按人数同样分授予露田但不授予桑田;每头耕牛可使其主增授 30 亩露田,每户最多限 4 头。

(3)**土地使用权和土地所有权绑定销售**。北魏政府向耕种户授予的田地分为露田和桑田两种,其中露田不许买卖。耕种户死亡或年满 70 岁免除赋役义务,或奴婢、耕牛数目减少时,须将露田交还给国家。而桑田则可以买卖,并可以作为私有土地传给子孙。在耕作一定年限后,政府会将所授桑田的所有权移交给耕种户。但所授露田的所有权不发生变动,其使用权在一定条件下会被政府收回。

(4)**政府与耕种户的交易定价采用"固定+分成"的方式**。政府向耕种户授田,耕种户在授田之初不需要向政府缴纳任何费用,但之后每期向政府缴纳一定的租金,此为政府的固定收入。同时,政府会以税收的形式向耕种户

历史上的交易智慧：
魏朱商业模式理论视角的解析

抽取固定比例的分成。

"均田制"模式下，虽然政府失去了部分土地的所有权，但无地农民因此获得了一定量的土地及更多土地的使用权，有效调动了耕户的生产积极性，推动了荒地开垦工程，增加了粮食产量，有力地推动了北魏经济的恢复和发展，扩大了总产量，扩大了税基，提高税收收入。同时，"均田制"并未损害封建地主的利益，不仅利于国家征收赋税和徭役，还加速了北魏政权的封建化进程，巩固了北魏政权。

"均田制"对后世的土地制度产生了深刻的影响，该制度为北齐、北周、隋、唐所借鉴和发展长达三百多年，为中国古代社会经济发展提供了强大的助力。但是，"均田制"也存在一定的弊端，主要体现为交易过程中监督机制的缺失。在实际操作过程中，耕种户授田数量普遍达不到应授额。另外，"均田制"法规定年老、身死者其所授露田入官，但实际入官田数远低于应入数，很多田地被贵族、地主和官僚非法占据。致使后期"均田制"实施效果出现了偏差。如果在"均田制"的土地生产模式中再增加一个监督模块，或许能够获得更好的实施效果。

CHAPTER5 | 第 5 章

古代朝廷兴商助农减负模式

古代朝廷为了增加财政收入,或者缓解财政压力,除了重农、改变与农户的交易模式外,也关注兴商助农,创新与工商业者的交易模式。

桑弘羊

桑弘羊,西汉时期的洛阳人。作为政府官员,桑弘羊对原有的财政结构进行了调整,创建了由政府举债融资、税收融资和国有企业融资三种融资模式构成的政府融资体系,在当时独树一帜,为后世政府融资以及财政政策的制定提供了宝贵的借鉴。

政府举债模式

政府举债是西汉政府的融资方式之一,其形式与现代的国债模式类似,但有一定区别。汉文帝时期,七国之乱给西汉中央政府造成了巨大的财政压力。为保障汉军军事行动的顺利开展,西汉中央政府决定向富商豪强借债。与富商豪强签订融资协议,规定了偿本付息的时间、利率及相应的免责条款和附加条款,这可能是中国封建社会最早的政府举债实践。桑弘羊依据发债性质及债券购买对象,对原有的政府举债模式进行了完善(见表5-1)。

表 5-1

举债目的 \ 举债对象	诸侯	商人
战时	低利率	高利率
非战时	零利率	低利率

一方面,按举债目的分为战时举债和非战时举债。战时举债的利率相对较高,非战时举债的利率相对较低;另一方面,按举债对象分为对诸侯举债和对商人举债。对诸侯举债时,债务利率较低甚至为零;对商人举债时,利率相对较高。同时,利用政府权威,对诸侯王发行部分无息

第 5 章
古代朝廷兴商助农减负模式

债务,但没有向普通民众举债。

以上是西汉政府针对不同的举债对象或不同的举债目的的几种主要利率策略。但由于融资成本相对较高,政府举债的次数并不多,往往只有在紧急情况下才会使用。

盐业官营模式

桑弘羊借鉴战国时期管仲的"官山海政策",对盐业等暴利行业实行国营改革,将其利润转变为政府财政收入,具体运作流程如图 5-1 所示。

桑弘羊设立了专管盐业的盐官,负责督导整个生产和销售过程;同时,盐官拥有任命盐场主管的权力。盐场主管从原私营盐商中选出,负责整个制盐过程中的技术支持与场地管理,以换取政府给予的俸禄及官职。盐农自备资金参与盐业生产,资金主要用于向政府购买低价粮食,政府则将所得资金用于生产。除粮食外,政府不给予盐农其他福利,生产过程中所用的牢盆等器具从地方府库调拨。官营制盐场将其所生产的粗盐送至官营盐加工作坊加工成为精盐,最后送至官营专售机构和盐仓用于销售及储备。官营专售机构拥有盐的垄断销售权,其销售所得上交给财

历史上的交易智慧：
魏朱商业模式理论视角的解析

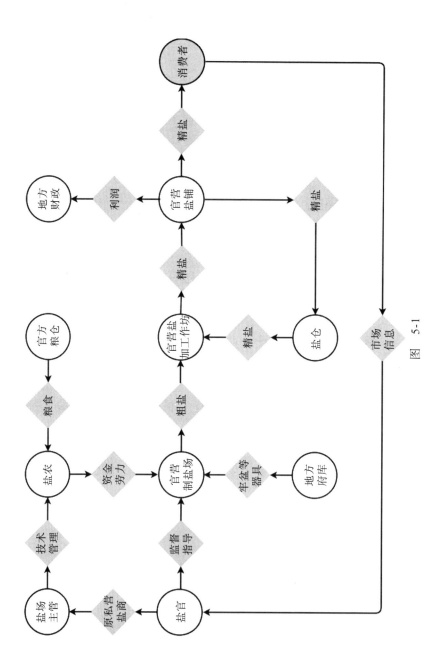

图 5-1

第 5 章
古代朝廷兴商助农减负模式

政，官营专售机构需要将市场信息反馈给盐官。

此盐业官营模式主要的收益来源为盐生产与销售环节的利润。同时，桑弘羊用创新的集资方式降低了生产的成本——政府拥有大量存粮，但缺少可以用于生产的资金，而盐农手中有一定的资金却不得不去市场上购买价格相对较高的粮食。按规定，参与盐业生产的盐农需自备资金，而政府将以粮食来作为盐农的薪酬，交换其资金。

创新性的融资方式大大降低了生产成本，虽然盐价较官营前稍有降低，总利润水平却提高了。同时，盐农也获得了充足的粮食，实现了共赢。此类国有企业的建立也为西汉政府带来了大量的财政收入，逐渐成为仅次于税收的重要财政收入来源。

以正常税收为支柱，国有企业收入为支撑，辅之以政府债务融资，多样化的政府增收模式取得了显著成效。桑弘羊在职期间，西汉政府长期保持高水平财政收入。

以市场换技术的贸易模式

主张工商兴国的桑弘羊不仅重视国内工商业的发展，也颇为重视对外贸易，主张通过对外贸易来实行"外国之物内流,而利不外泄",通过输出货币来将外国的经济资源引入国内,带动国内经济和工商业的发展。同时,桑弘羊认为,政府和贸易商人应当相互合作共同参与对外贸易。政府主要负责国家层面的外贸合作与谈判,并管控部分特殊商品的贸易,主要的商品贸易则由民间的贸易商负责,政府和贸易商人各司其职,形成高低搭配的贸易模式,以求将发展对外贸易所带来的经济效益最大化。

桑弘羊在执掌西汉政府财政系统期间,积极配合汉武帝的外交政策,开拓与其他国家之间的经济贸易往来。在张骞第一次出使西域归来后,桑弘羊便与他探讨了本国与西域各国之间的贸易前景。在张骞的帮助下,西汉使团第二次出使西域,与西域诸国初步建立了双边贸易关系。在西汉政府设立西域都护府后,桑弘羊拨调了大笔资金将西域都护府建设成为西汉对外贸易的桥头堡,为民间贸易商前往西域各国开展外贸提供了极大的便利。

对于贸易货物,桑弘羊按商品性质及流向进行分类管理(见表5-2):涉及军事及国家战略的战略性商品主要由政府机构进出口,特殊情况下政府通过民间贸易商代为进口(例如,从敌对国家走私进口军备,但不允许私自出

第 5 章
古代朝廷兴商助农减负模式

口);非战略性产品则主要由民间的贸易商负责进出口,政府主要起监管作用。

表 5-2

商品分类 交易方	战略性产品	非战略性产品
政府机构	负责绝大部分的进出口业务	贸易监管
民间贸易商	特殊情况下代替政府进口,不允许出口	负责绝大部分的进出口业务

在促进对外贸易发展的同时,桑弘羊还积极引进外国先进生产技术,主要方法是在贸易采购过程中,利用采购规模,附加技术转让协议,即以市场换技术。最具代表性的就是进口大马士革钢的案例。

西汉时期,西域诸国所用的钢铁为源自波斯帝国的大马士革钢,这是一种高碳钢,强度较高。西汉冶铁业比较发达,能够制造纯铁,这是其他国家无法做到的。但西汉没有成熟的炼制高碳钢的技术,生产的铁质兵器的强度相对较弱。匈奴精锐部队装备了高碳钢所制的兵器,汉军在与这些部队交战时往往处于下风。因此,西汉政府开始寻求从西域诸国进口军工级的高碳钢。西汉在与西域国家签订大马士革钢进口协议时,附带了一个技术转让协议:西汉政府向协议方国家采购一定数量的大马士革钢，但西域国家须将其所掌握的高碳钢冶炼技术转让给西汉政府。通过此次包含技术转让的进口贸易，西汉政府将高碳钢生产技术引入了中国，后演变为镔铁技术，使西汉的钢铁冶炼行业获得了长足发展。西汉政府及私营贸易商在开展对外贸易的过程中为国内引进了许多更为高效的技术，有效推动了国内相关产业的发展。

桑弘羊通过积极推动对外贸易的发展，以政府的力量为国内工商业开拓国外市场，增加了工商业的市场需求，为工商业提供了更加广阔的发展空间。同时引进先进的制造工艺，丰富了国内制造业的种类，并提升了原有工商业的行业效率，对工商业的发展起到了助推作用。

刘晏

重构盐榷模式，增加财政收入

刘晏，字士安，唐曹州南华人，中国古代杰出理财家、经济改革家、政治家，多次对原有的财政政策及措施进行改革和重构，成效显著，为安史之乱后唐朝经济的复苏做

第 5 章
古代朝廷兴商助农减负模式

出了卓越的贡献,其财政模式重构方法也为后世财政管理者提供了宝贵的经验借鉴。

安史之乱是唐朝国力由盛转衰的转折点。虽然叛乱被平息,唐朝的经济却陷入了长期低迷状态。到开元天宝时期,唐朝发生了结构性的经济危机,财政收支严重失衡,军费开支、俸禄开支以及其他费用大幅增加,税收却因为战争导致的人口减少、不课户和不课人口比例的上升而大幅缩减,政府财政陷入了捉襟见肘的困境。

面对这样的财政困境,刘晏提出应当在两个方面进行改革:

(1)对原有的税收制度进行改革,放弃建立在"均田制"基础上的租庸调制,将征税量纲由人数变为地数,以适应土地兼并严重、贫富差距不断扩大的社会实际情况。

(2)加强对间接税的征收,建立健全直接税与间接税并重的税收制度体系。原因在于直接税涵盖的领域较少,税种延展性较差,仅仅依靠征收直接税已无法承担对军队和官吏俸禄的财政开支。同时,过度征收直接税容易激起民众的反抗情绪,不利于维护社会稳定,容易对政权造成威胁。而间接税的种类延展性和税率延展性都强于直接税,

历史上的交易智慧：
魏朱商业模式理论视角的解析

也不容易激起民众的反抗。此外，商业逐步复苏也使得间接税更加易于推行。

刘晏与第五琦共同执掌财政，两人进行了分工。第五琦负责直接税的改革，刘晏负责加大间接税的征收力度。刘晏将其目光放在了盐业上。

自古以来，盐业就是政府征收间接税的重点领域。春秋时期的齐国丞相管仲就曾对盐业实行官营，西汉时期的财政名臣桑弘羊也进行过盐铁官营改革，两人的政策方针为后世政府所承继。盐业之所以被看中，是因为食盐是一种生活必需品，价格的需求弹性很小，只要不超出民众购买能力，民众都会购买，这是其他商品不能比拟的。因此，以往的政府大多通过盐业官营的方法，大幅增加财政收入。唐朝前期实行的"榷盐制"，对盐商征收高额税收，盐商则将税收通过提高食盐价格转嫁给民众，政府通过这种方式获得间接税。安史之乱后，地方藩镇势力崛起，藩镇内部的税收被藩镇扣留，中央政府有效管辖的范围大幅缩小，所以能得到的间接税也大幅降低。

中央政府的资源能力优势在于其对政策的制定和实施权，以及对食盐生产权的高度控制，交易诉求在于增加财政收入。盐商的资源能力优势在于销售网络以及经营管理能力。但由于政府限制了盐的销售价格,盐商不能够获得更多的超额利润;此外,盐商还要与私盐贩子竞争。所以盐商希望获得更多的超额利润,同时减轻同业竞争压力,强化其垄断销售权。过去中央政府有效控制的区域范围较广时,可以征收食盐间接税,不屑于与盐商进行交易,但是面对目前的财政困境,中央政府只能选择与盐商进行交易。

基于中央政府和盐商双方的资源能力状况和诉求,刘晏通过重构榷盐模式,成功地为中央政府解决了这个难题,具体运作模式如图5-2所示。

（1）**食盐的垄断生产权收归中央**。刘晏通过颁布政令,确定了中央政府在食盐生产环节的垄断地位,任何非中央政府所辖盐厂生产的食盐,均属私盐。生产私盐者按律处决,所有盐商必须向中央政府所设的盐司进盐。

（2）**强化对盐商经营资格的审核与管理**。专门设立盐籍,通过政府审核的盐商由商籍改为盐籍。盐籍人士不归地方府衙管辖,直接归属中央盐铁部门管理。盐籍世袭,盐商子女不得脱籍,同时享有进盐专权,只有盐籍的商人

历史上的交易智慧：
魏朱商业模式理论视角的解析

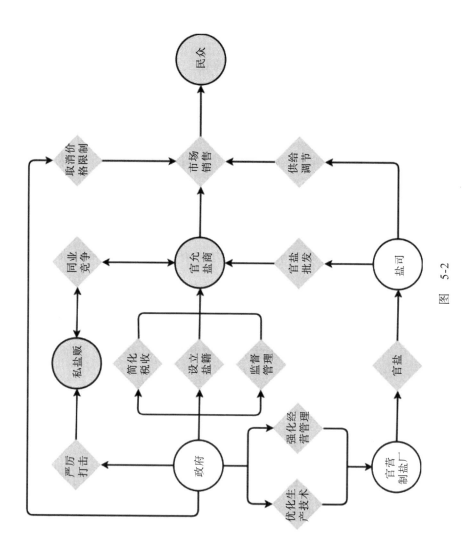

图 5-2

才有资格向盐司进盐。

（3）免除先前对盐商所征收的高额税收。通过官方资格审核的盐商在盐司纳榷取盐后，在后续转卖过程中无须再向政府缴纳销售税。同时，也不允许地方藩镇在食盐销售环节中对盐商征收额外的费用。上调食盐的批发价格，以弥补税收损失。

（4）开放盐价。政府不再对盐价进行限制，为商人获得更高的经营利润提供条件。

（5）严厉打击私盐制造和贩卖活动。一方面，刘晏加强对生产环节的控制，最大限度断绝私盐的来源。另一方面，严厉打击私盐贩卖活动，在各交通要地设立巡院，专职缉捕私盐贩。

（6）发展提高盐业生产能力。刘晏投重资用于改进盐业生产技术，以便在垄断生产权后，中央政府所辖盐场的产量能够满足市场需求。

（7）建立市场风险控制机制。刘晏虽然废除了对食盐价格的限制，但没有停止对市场的调节工作。他改硬性价格限制为供需调节机制，要求盐司保留一定数量的食盐，以便在市场价格过高之时，通过增加食盐供给来下调盐价。

历史上的交易智慧：
魏朱商业模式理论视角的解析

此外，强化了食盐领域的常平工作，以调节地区之间的盐价差异，防止出现部分地区盐价过高的现象。

刘晏通过以上几点改革措施，促成了中央政府与盐商之间的交易，交易双方的定位、交易标的物、盈利模式都发生了转变。中央政府由市场监管者转变为上游产品供应商，而盐商则从被监管者转变成合作伙伴。双方的交易标的物由销售许可转变为溢价的食盐，中央政府的盈利由原先的税收分成转变为销售带来的固定收益。

通过对榷盐模式的重构，刘晏帮助中央政府成功地建立了对食盐生产环节的垄断权。与销售环节对盐商征税相比，生产环节更易于控制，辅之以政策制定权这一特殊资源优势，中央政府可以通过溢价销售食盐来获得稳定的收入。由于政府的销售收入与食盐的销售量挂钩，因此解除盐价限制可以有效调动盐商的销售积极性，提高盐商的进货量和中央政府的收益。风控机制的设立能防止盐商过度操纵市场和对中央政府的利益造成损害。

刘晏重构的榷盐模式，从生产到销售再到市场调节各个环节井然有序，相辅相成，取得了显著成效。据《旧唐书·刘晏传》所载：初，岁入钱六十万贯，季年所入

第 5 章
古代朝廷兴商助农减负模式

逾十倍,而无人厌苦。大历末,通计一岁征赋所入总一千二百万贯,而盐利过半。

重构"常平法"模式

漕运模式和榷盐模式重构成功后,刘晏秉承通过商业渠道与交易方式来增加财政收入的理念,开始对"常平法"进行改革与重构。

"常平法"起源于春秋时期管仲在齐国所推行的平准之法,即"民有余则轻之,故人君敛之以轻;民不足则重之,故人君散之以重,凡轻重敛散之以时,则准平"。政府在产品市场价格过低时购入产品,防止价格过度下跌;而在产品市场价格过高时出售储备的产品,防止价格过度上涨,这是一种调节产品市场价格的机制,政府也可以依靠产品差价获利,补贴财政。西汉时期,桑弘羊依据管仲的理念,在全国范围内建立了平准机构,实行平准之法。自此,平准制度被后续王朝所延续,成为政府的一项重要财政收入来源。唐朝的统治者在建国之初便在一些地方建立了常平仓,并设立常平监专职管理常平事务,取得了显著的成效。但安史之乱爆发后,"常平法"的实施被迫中断,到刘晏与第五琦共同执掌财政之时,第五琦奏请恢复"常平法",具体由刘晏负责实施。

刘晏没有照搬过去的制度重建常平体系,因为当时唐朝政府的资源能力状况较安史之乱前已经发生了很大的变化,其中影响较大的变动有两点:

(1) **财政资金紧张**。安史之乱后,唐朝政府的财政收入水平大幅下降,无法与贞观、武德、开元年间相提并论,可用于"常平法"运营成本的资金数额大幅减少。如果仍然采用过去的模式,对各地的常平机构的采办获得进行审批制监管,政府可能无法承担其管理成本,常平的效果也会大打折扣。

(2) **信息资源增加**。在先前对榷盐制度进行重构时,刘晏在各地设置了许多盐铁巡院,这些巡院不仅负责打击私盐贩,还系统性地为刘晏提供了各地的市场信息,帮助他建立了一个庞大的商业情报网,使后者可以更好地掌握各区域的市场信息,这是新增的资源能力优势,过去的"常平法"对此新增资源能力优势的利用效率不高。为提高常平经营的效率,刘晏结合当前的资源能力状况,对原有的常平模式进行了重构(见图 5-3)。

第 5 章
古代朝廷兴商助农减负模式

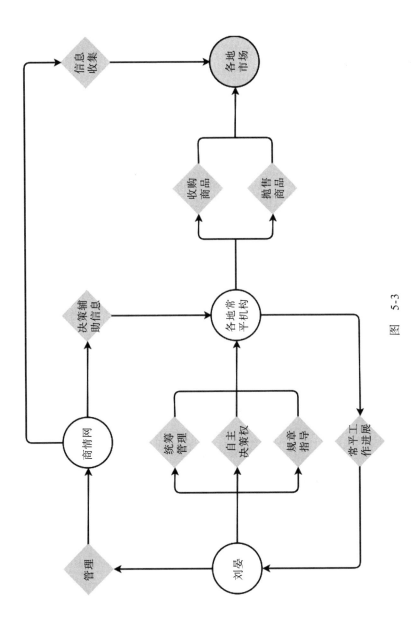

图 5-3

历史上的交易智慧：
魏朱商业模式理论视角的解析

刘晏对各地常平机构的权限进行了调整，各常平机构可以根据当地市场产品价格的具体波动情况，自主选择是否购入或出售商品，但需要将购销状况及时上报给总部，以便总部进行全局安排，避免各分支机构过度购销，实现全局均衡。同时总部会向各支部提供各地区市场的价格信息和内部指导规章，为分支机构的决策提供信息支持。以粮食的常平为例，在过去的常平模式中，各地的常平机构若是想要动用常平资金进行市场操作，必须向总部呈报粮价状况，获得总部批准后才能进行实际操作，但等审批下来了，粮食市场价格可能已经因为商人的投机行为发生了变动，常平效率很低。在新的常平模式下，刘晏制定了五等粮价法，他依据各州县前十年的粮价变动数据，为每个州县划分了五个等级的粮价波动区间，并与五个售/收粮数量基本相对应，若粮价为一等，则收/售五等的数量，若粮价为二等，则收/售四等的数量，各分支机构依据此法自主收/售粮食，行动前无须再向总部汇报，但完成收/售行为后要及时将粮价与购粮情况上报给总部，总部再进行协调。

刘晏对常平模式的重构，充分地利用了自身的资源能力优势,极大地提高了各常平机构的灵活性,使后者能够精准地把握市场机会。常平机构对市场价格的调节作用获得显著提升,其经营收益也快速增长。《新唐书·食货志》曾就刘晏对"常平法"的重构效果进行了记载:"诸道盐铁转运使刘晏以江、岭诸州,任土所出,皆重粗贱弱之货,输京师不足以供道路之直。于是积之江淮,易铜铅薪炭,广铸钱,岁得十余万缗,输京师及荆、扬二州,自是钱日增矣!"

王安石变法图强的商业模式设计

"青苗法",创新政府金融助农模式

"尝以谓方今之所以穷空,不独费出之无节,又失所以生财之道故也。"——王安石

"青苗法"是北宋时期王安石改革的主要措施之一,以上引用的话是王安石对"青苗法"改革背景的归纳和总结。包括三个方面:

(1)**财政收不抵支,继续增加财政收入**。北宋政府面临巨大的财政压力,是王安石变法和"青苗法"改革的直

接诱因。冗官、冗费、冗兵的"三冗"问题长年累积,结构性支出庞大。同时,对外战争的失利使得北宋政府的财政状况雪上加霜。仅"澶渊之盟"就迫使北宋每年向契丹进贡白银10万两、绢20万匹。宋仁宗时,与西夏战争的失利,又迫使宋朝政府每年向西夏进贡白银7.2万两、绢15.3万匹、茶3万斤。

(2)农业高利贷横行,政府税收收入大量流失。 北宋政府采取"不抑兼并"的土地政策,地主豪强通过向农民放高利贷,强行兼并土地抵作本息;同时利用自身的资源优势规避税赋,对政府财政税收造成了巨大的损失。

(3)农产品价格保护机制名存实亡,农产品市场价格混乱。 在王安石变法前,北宋政府通过常平仓制度来调节农产品价格。具体操作方法与西汉桑弘羊实行的平准之法相似,即通过"市肆腾踊,则减价而出;田稼丰羡,则增籴而收"的方法,尽可能降低"谷贱伤农"和"谷贵伤农"的概率。但在实际操作过程中,由于执行官员的不作为和官商勾结,政策效果并不好,农产品价格波动幅度较大。

为解决上述三个问题,王安石推行了"青苗法"改革,改变了政府与农民之间的交易内容。在原有模式(见图5-4)

第 5 章
古代朝廷兴商助农减负模式

中,政府只是向农民提供一定的保护。例如,打击高利贷行为,协助调节农产品价格。但政府没有解决农民在特殊时期的生存问题,农民为求生计,不得不去借高利贷,且屡禁不绝。因为还不上债,所以失去了其土地所有权。高利贷带来的成本又推动了农产品价格上涨。政府没能提高农民的收益,政府也无法从中获得收益。显然,这种交易模式十分失败。

在推行"青苗法"之后,政府的定位从保护服务的提供者转变成为低成本的融资供应者。政府和农民之间的交易内容变成了低息资金。政府用自有资金和存粮,在每年二月和五月青黄不接之时,以半年二至三分利的利率向农民提供资金贷款和粮食借贷,农民在缴纳夏税和秋税时向政府还本付息。由于可以从政府那里获得低息贷款,农民便不再向地主借高利贷,市场上的高利贷迅速减少;同时由于融资成本较低,农民不再需要提高农产品价格来转嫁成本。虽然政府不是在刻意保护农民,却达到了保护农民和稳定农产品价格的目的,如图 5-5 所示。

此外,农民自身很难规避税赋。"青苗法"的实行有助于扩大政府税基,提高政府的税收收入。不过,"青苗法"

历史上的交易智慧:
魏朱商业模式理论视角的解析

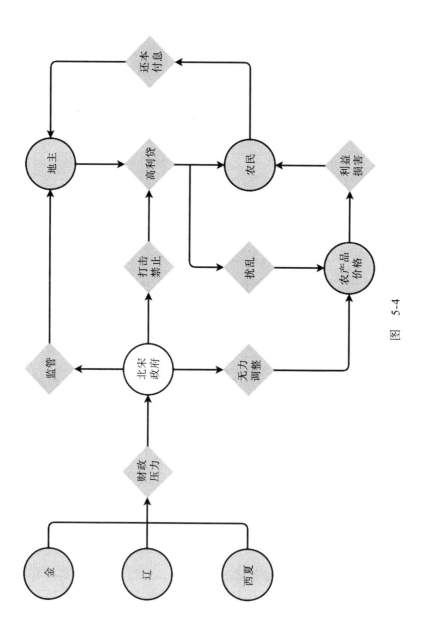

图 5-4

第 5 章
古代朝廷兴商助农减负模式

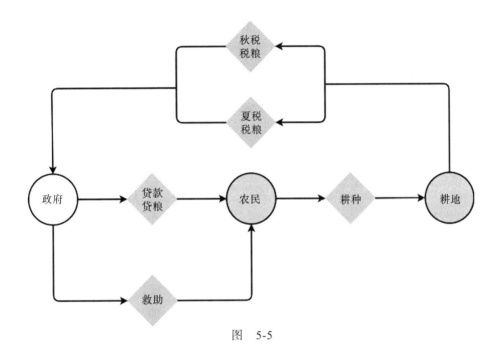

图 5-5

的交易模式中缺少公正有效的监督机制，在实践中容易产生地方官员逼迫农民借贷和私自提高利率等损害农民利益的行为。

颁布农田水利法，利用民间资金修建水利设施

水利工程建设对中国古代农业社会经济发展和封建王朝财政收入有着重要的影响。北宋王朝作为中国历史上出名的积贫积弱王朝，由于政府内部的"三冗"问题和对外

历史上的交易智慧：
魏朱商业模式理论视角的解析

战争的接连失利，已经无力依靠财政资金来大规模兴修水利了。但如果不完善和发展水利工程，农业生产力就会进一步下降，政府财政状况也会随之恶化，很有可能加速王朝覆灭。

如何破解这个困局？

根据魏朱商业模式理论，交易主体可以挖掘自身的特殊资源能力的商业价值，与其他交易主体进行交易，把他们转变为利益相关者，以调用这些交易主体的特殊资源能力。北宋政府财政资金紧缺，失去了资金优势。但是，政府还有官员任命权以及爵位的授予权这两项资源，而民间有许多富商拥有大量资本，却无法改变自己的阶级地位，双方手中的资源能力正是对方所渴求的，王安石利用双方资源能力的特点，构建了新的水利工程开发模式（见图5-6）。

在该模式下，地方政府负责水利工程的建设工作，主要建设资金由私人按贫富等级出资。私人出资方式有两种，第一种是由地方政府向州县内的富户借贷，依例计息，政府到期还本付息；第二种方式是私人无偿捐款，对于出资兴修水利的富户，政府会根据出资金额的多少分级授奖，并提供一定的录用机会。如果民间出资不足，地方政府也

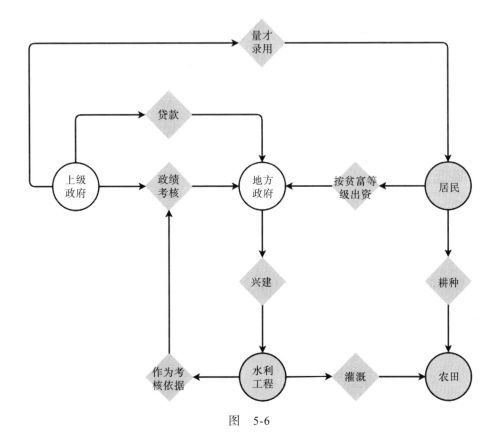

图 5-6

可以向上级政府申请小额贷款用于补齐资金缺口，确保项目工程顺利进行。

为确保水利工程的质量，王安石还制定了一套监督体系，上级政府在对下级政府进行政绩考核时，会将水利工程建设情况作为考核依据。

这个交易模式有效调动了富户出资的积极性，弥补了政府财政资金的不足。政府兴修水利不向使用水利设施的农民直接收取费用，而是对农业及其衍生产业收取税赋。

"保甲法"+"保马法"，向农民外包军马养护活动，降低养护成本

北宋王朝一直生存在强敌环绕的地缘政治环境之中，辽、金、西夏等政权都曾与北宋发生过大规模战争。战时军队的开支巨大，本就已经不堪重负的北宋政府无力长时间承受这样的支出。但如果不能保障军队的开支，北宋政府将危在旦夕。

如何解决这个问题？

在传统的军队运营模式中，军队所有在编人员都是专职军人，军队自己管理战马、兵器、盔甲等军备物资。这种模式的好处是保证军队的专业性和独立性，但缺陷在于军队只有支出而无创收，军费开支庞大。兵器和盔甲等军备物资的开支是一次性的，且使用年限较长；而军人和战马是古代军队开支的主体，两者都需要持续消耗粮食。

王安石通过"保甲法"和"保马法"，改变了军队的军

第 5 章
古代朝廷兴商助农减负模式

事训练和军马养护活动的运营模式,把部分军人和军马的养护成本转移给第三方,有效削减了军队的日常军费开支,减轻了政府的财政压力,"保甲法"和"保马法"的运作机制如图 5-7 所示。

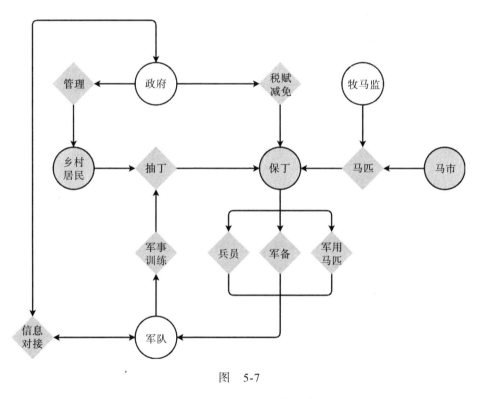

图 5-7

"保甲法"主要用于培养预备役部队。把部队活动分为平时训练和战时作战两个活动。政府对乡村民户进行编制,十户为一保,户有两丁以上者,出一丁作为保丁。农耕期专事农务，农闲期间由军队对其进行军事训练。"保马法"主要用于减轻政府饲养军马的开支负担，原本由政府所辖牧马监所饲养的军马转由保丁自愿饲养，对于自愿养马的保丁，政府依据养马数免除一定量的税赋作为补偿。

鉴于税收减免的优惠政策，大量保丁向政府申请养马。在原牧马监的军马被认养完后，政府还出资鼓励保丁自行在马市上购买马匹并作为军马饲养。政府不仅转移了军马的饲养成本，还显著扩大了国内军马数量，为宋军与辽、金、西夏的骑兵作战提供了有力支持。一旦战事爆发，即可组成军队开赴战场。

以保甲户来代替部分非精锐部队，可以在保障军队总体作战能力的基础上，将部分成本转移给农民。保甲法的相关规定削减了非保丁人员的兵役，在推行过程中没有受到太大的阻碍。

| CHAPTER6 | 第 6 章

交易风险管理模式创新

交易风险管理,包括经营风险分配和交易主体的机会主义行为遏制。经营风险管理不当,危及交易结构的稳定性和企业的持续经营。此外,交易主体的机会主义行为风险管理是一个难题,因为交易主体为了实现自身利益最大化,可能会损公肥私、内外勾结。交易主体的行为风险管理不当,会增加企业的经营风险,进而引发财务危机风险,导致利益相关者的交易结构难以持续。本章分析胡雪岩、雷履泰在经营钱庄过程中的经营风险管理及对管理层、员工的行为风险管理的交易结构设计智慧。

历史上的交易智慧：
魏朱商业模式理论视角的解析

经营风险管理

异地汇兑业务经营风险的管理

雷履泰，山西省，平遥县细窑村人，晚清著名实业家、银行家，中国票号创始人。雷履泰出生于一个农民家庭，却弃农经商，很早就步入商界。清嘉庆年间，雷履泰曾出任平遥县西裕成颜料庄总号的掌柜。期间，雷履泰从亲友间异地汇兑难题中发现了商机，遂辞职，游说几家财东出资，创办日升昌票号，自己担任大掌柜，专营汇兑业务。日升昌票号是中国历史上的第一家票号，也被视作中国近代银行业的源头。

雷履泰创办日升昌票号，开辟了票号这个新行业，作为日升昌票号主要业务的汇兑业务也是一种全新的业务形态。我们常说第一个吃螃蟹的人需要有很大的勇气，因为在一个全新的领域中，会碰到各种各样的新问题，对于这些新问题，用过去的老办法难以解决。需要结合新问题的特点、新环境的状况以及自身的资源能力状况来探索新的解决方法。

在创办日升昌票号之初，雷履泰便遇到了两个棘手的

第 6 章
交易风险管理模式创新

新问题：

（1）汇兑标准问题。这个问题在现在看来是个微不足道的问题，但在清朝时期却是个大难题。因为当时中国货币市场上流通的是贵金属货币，使用的贵金属主要是银和铜。虽然清政府规定了银两与铜钱之间的汇兑比率，但却没能很好地控制市场上流通的银两与铜钱的铸造规格，各地铸造和流通的银两和铜钱在成色和分量上有着不小的差距。举例来说，当时南京地区常见的顷化银纯度很高，含银量达到97.3%；而上海地区常用的豆规银的成色就差了很多，含银量只有73%。如果有人在南京的票号存入了100两银子，到上海兑现，如果只给100两银子，那么客户蒙受损失，需要支付大概110两上海豆规银才能保障客户的利益。但货币铸造权归政府所有，如果政府不出面整治币制，地区性贵金属货币的成色差异就无法消除。清政府不仅没有对此问题进行整治，也没有制定官方的地区性货币汇兑标准。这使得民众对异地货币汇兑问题抱有怀疑，生怕因异地兑换货币而受损，这对票号异地兑换业务的开展造成了巨大的挑战。

（2）**汇票防伪问题**。在汇兑业务中，日升昌票号会给

历史上的交易智慧：
魏朱商业模式理论视角的解析

存款客户开出相应的存款汇票，客户凭此汇票可以在日升昌的各分号提款。但随着汇票发行数量的增加，开始有人仿制日升昌票号的汇票进行恶意汇兑，这对日升昌票号的业务造成了巨大的威胁。一方面，如果恶意汇兑成功的话，会给日升昌票号造成直接损失；另一方面，如果客户知道有人恶意汇兑成功，很有可能会引起客户挤兑，使日升昌票号的业务遭受重大损失。

要以交易的思维解决问题，需要先分析各交易主体的资源能力优势、资源能力缺点和交易诉求。汇兑业务上的交易主体有两个，日升昌票号和客户。日升昌票号的资源能力有两点优势：

（1）**市场调研能力**。日升昌票号拥有可观的财力，有能力对各地流通的货币实际价值进行调研，并系统性地对其进行分析。

（2）**自家汇票规格的制定权**。日升昌票号有权更改所发行的汇票的规制，这也是日升昌可以用于对付汇票仿制的关键资源能力。日升昌的交易诉求在于获得客户的信任，扩大业务规模，实现收入增长。客户的关键资源能力在于其对业务主办方的选择权，其缺点是信息获知能力有限，

第 6 章
交易风险管理模式创新

不能很好地了解货币的实际汇兑。同时对于伪制汇票问题留有担忧，其交易诉求为获得安全可靠的汇兑服务，减低汇兑风险。基于交易双方的资源能力状况和交易诉求，雷履泰推出了两套解决措施以解决上述两个新问题（见图 6-1）。

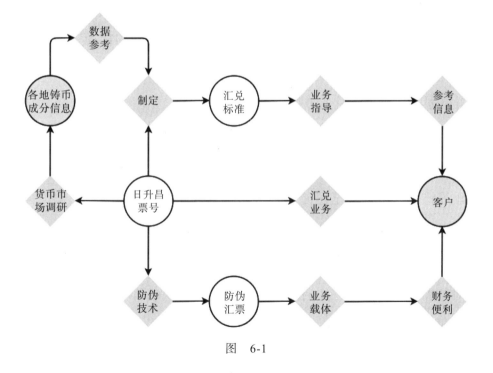

图 6-1

一方面，雷履泰派遣专人前往各主要业务区，对业务区内流通的各色银两和铜币进行调研，收集其含银量和

历史上的交易智慧：
魏朱商业模式理论视角的解析

含铜量数据，建立了票号内部的地区货币兑换数据库。雷履泰组织团队编制了一张公开发布使用的货币汇兑比率表，表中的汇兑比率十分贴近实际汇兑比率，但稍低于实际汇兑比率。名义汇兑比率与实际汇兑比率之间的差额称为"余利"，是雷履泰新创的盈利点之一。在编制出这张货币汇兑比率表后，雷履泰将该表张贴在各分号的大堂之中，公示于客户，表明日升昌的汇兑业务是按合理统一的标准进行的，消除了之前客户对异地汇兑业务的顾虑，因此日升昌票号的异地汇兑业务得以迅速展开。

另一方面，雷履泰充分利用了自身的资源能力优势，组织团队研发出了一系列防伪措施，包括密押、背书、微雕等特殊方法，甚至还使用过水印技术。此外，雷履泰还规定其团队定期更换汇票的样式。据相关记载显示，日升昌票号以"谨防假票冒取，勿忘细视书章"十二个字来分别代表一年中的十二个月。过一段时间换一次密押。这一系列严密的防伪措施，不仅获得了客户的信任，还创造了一个业界神话：在日升昌票号的百年历史中，未曾发生过一次被冒兑、伪兑成功的事件，彻底解决了防伪问题，创造了"一纸汇票，汇通天下"的金融奇迹。

第 6 章
交易风险管理模式创新

◆ **评 论**

雷履泰针对客户异地汇兑面临的交易风险和诉求,通过编制动态的汇兑表和动态密码,解决了问题,消除了客户面临的交易风险,促成和扩大了交易规模。客户们纷纷在日升昌票号办理业务,日升昌票号业务规模快速扩大。

胡雪岩对清政府"宝钞"贬值风险的分担和补偿模式设计

1854年后,太平天国占领了南京,声势日渐浩大。清政府内需镇压太平天国,外需支付与外国签订的不平等条约的赔款,财政吃紧。清政府想出了一个敛财的办法,向各省摊派发行"宝钞",强令各地流通使用。浙江巡抚黄宗汉找了几家实力雄厚的大钱庄要求配合,但这些大钱庄都不愿认购"宝钞",毕竟在战争年代只有真金白银才是硬通货,这种纸钞的贬值速度要多快有多快,明眼人都能看出这是个稳赔不赚的生意。当时黄宗汉也找了胡雪岩,胡雪岩手下纷纷劝说胡雪岩不要做这种上手即亏本的买卖,但胡雪岩却有不同的看法。他认为这种"宝钞"在官方流通

历史上的交易智慧：
魏朱商业模式理论视角的解析

上与现银具有相同的购买力，只要"宝钞"不滥发，有充足的现银为基础，是可以有一个稳定的市场价格的。若宝钞的信用出现了问题，阜康钱庄也可以通过低买高卖的交易占到一些便宜。更重要的是，从长远来看，认购"宝钞"就相当于投资了官军，一旦将来平定了太平天国运动，天下太平，朝廷必定会报答为官府出过力的钱庄，就算认购宝钞一时亏损日后也能够挣回来。

那么，如何进行交易才能控制风险？我们先来看看胡雪岩和以黄宗汉为代表的浙江巡抚的资源优势和交易需求：胡雪岩的资源优势在于阜康钱庄所拥有的雄厚资本，以及他个人在浙江省金融业的名望和人脉关系，其交易诉求为通过购买宝钞帮助政府完成行政任务，换取政府所拥有的其他资源优势，以便获得更大的经济利益。而浙江省巡抚拥有的资源优势是省内各项事务的决策权，其痛点在于清朝政府布置的行政任务无法完成，面临被免职的风险，其交易诉求为完成"宝钞"的摊派任务。虽然双方的交易诉求相互契合，但却无法完成交易。因为"宝钞"数量过大，阜康钱庄无法凭借一己之力消化掉所有的宝钞。如果用全部资金购买"宝钞"，则交易风险过高，这种做法是不理智

第 6 章
交易风险管理模式创新

的。如何解决这个棘手的问题呢?

胡雪岩充分利用了自己在浙江省金融业的名望和人脉,引入了第三方交易主体,构建了如下交易模式(见图6-2),分担风险。

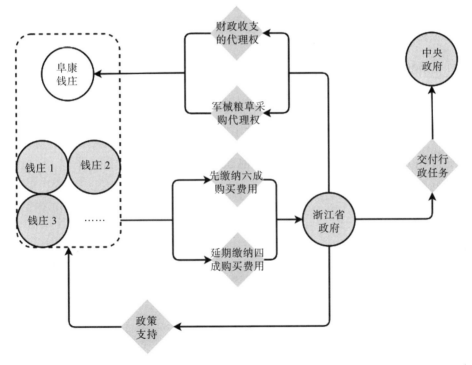

图 6-2

胡雪岩组织联合了浙江境内多家钱庄同业认购浙江省全省的"宝钞"指标,其方案是:分两期付款,先缴纳六成认购金额，几个月后再缴纳四成认购金额。作为交换，巡抚黄宗汉给予胡雪岩浙江全省的军械粮草采购的独家代理权，并代理省府财政的收入支出。同时，对于参与"宝钞"认购的钱庄予以一定的政策支持。

胡雪岩此次的交易很成功！在代理了浙江省财政收支和军械粮草采购后，阜康钱庄资金池快速扩张，年末已拥有了350万两存银，成为浙江最大的钱庄，并趁势对外兼并。先后吞并了杭州的泰康钱庄、福州的元昌盛钱庄，并在北方票号势力云集的北京开设了自己的分号，将阜康钱庄打造成了全国性品牌钱庄。他也在为官府做生意的过程中被提升为"浙江粮道"，成了一位名副其实的"红顶商人"。

◆ 评　论

胡雪岩通过组织同业分期认购清政府发行的"宝钞"，分担贬值风险；同时，借此获得独家代理浙江官商业务，增加收益，补偿风险。

胡雪岩此次的交易存在一个比较大的潜在风险——财政收支和军械粮草购买的代理权的存续性问题。这种代理

第 6 章
交易风险管理模式创新

权的期限是由政府决定的,受政府官员人事变动的影响较大。

利用政府关税转移降低左宗棠西征借款的违约风险

在曾国藩、左宗棠、李鸿章等汉臣的围剿下,虽然太平天国运动最终以失败告终。但在北部还有捻军为乱,更有中亚侵略者阿古柏在西方势力的挑唆下侵占了新疆的领土,一时间整个西北忧患四起。在左宗棠的力争之下,慈禧太后同意了左宗棠收复新疆的西征方略,但西征所需军费的筹集却成了一大难题。

西征行动预计至少要五年的时间才能够收复失地,每年的花销超过 300 万两白银。在经历了太平天国运动之后,清朝的国库已十分空虚,无力掏出这么一大笔的军费。而清朝金融市场的发展又非常落后,没有国债等金融工具筹集资金。如何满足西征的巨大资金需求?

清政府国库虽然空虚,但它的统治地位并没有改变,未来收入仍然十分可观,有不少资产和权益可以用作抵押借款,例如海关关税。虽然两次鸦片战争列强已经打开了中国的国门,西方列强在华的银行拥有很强的筹款能力,

历史上的交易智慧：
魏朱商业模式理论视角的解析

但当时清朝仍以天朝上国自居，羞于以政府名义向西方银行借款。清政府希望找到一个既能保住朝廷的颜面，同时又能够向西方银行募集到西征军费的方法。

各银行为了控制贷款风险，希望清政府提供抵押，保障借款可以顺利回收。胡雪岩拥有官场和商场人脉，同时还具备作为中间环节对接清政府和西方银行两大交易主体的能力，其交易目的在于扩大阜康钱庄的经营规模和影响力。

胡雪岩构建了如下交易结构（见图6-3）。

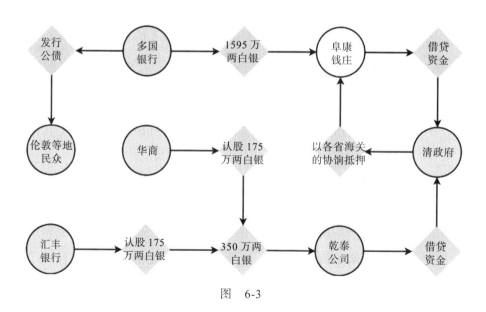

图 6-3

第 6 章
交易风险管理模式创新

首先，胡雪岩在左宗棠的帮助下，与清政府达成了交易，清政府提供各省海关的协饷权益作为抵押，由阜康钱庄出面向多国银行进行银团贷款，银团在伦敦等地发行公债；阜康钱庄将贷款资金转贷给清政府。公债的认购数量超过预期数倍，满足了西征的资金需求。

在西征过程中，举借外债的总额达到 1595 万两白银，约占总军费的四分之一。此外，为了避免对外国银行的过度依赖，胡雪岩还积极向国内的华商银行借款。胡雪岩号召江浙一带的商人共同创立了乾泰公司，由华商认股 175 万两白银，汇丰银行认股 175 万两白银。运用这种创新手段，解决了西征的大部分军事。

借助胡雪岩筹集的资本作为支撑，清政府成功收复除伊犁之外新疆领土。整个过程中，清政府从未与西方各国的银行形成过直接借贷关系，维护了清政府的颜面，实现了其交易诉求。西方各国银行成功发放了巨额的借贷，获得了可观的收益；乾泰公司也从中获得了丰厚的回报。

胡雪岩是此交易中的最大受益者。汇丰等外国银行以 10% 的年息借出款项，所有的西征款项均先打到阜康钱庄账上归胡雪岩统一调配。胡雪岩向清政府报的年利率大多在12%以上。胡雪岩在整个西征借款中至少获利300余万两白银的利差。而借出资金的那些银行在十几年中总共也只获得了700余万两白银的利息收入，胡雪岩的收入相当于外国银行近一半。胡雪岩的阜康钱庄也凭借西征借款成为全中国最炙手可热的钱庄，造就了一代金融帝国。

此外，由于胡雪岩在西征中起到了关键作用，加上左宗棠的极力保举，胡雪岩作为一个商人成功地官居二品，甚至得到了穿黄马褂、可骑马进出紫禁城的殊荣，成了近代以来的红顶商人，也因此走上了人生的顶峰。

◆ 评　论

胡雪岩利用自身的钱庄和清政府的关税资源作为抵押品来降低风险，满足西方银团贷款的风控要求，给左宗棠西征收复新疆的行动提供了军费保证，自己赚取了丰厚的利差。

第 6 章
交易风险管理模式创新

行为风险管理

"顶身股"制度

在雷履泰的经营管理下,日升昌票号的汇兑业务越做越大,信用水平越来越高。随后客户群体不仅局限于山西商人,外省、沿海一带米帮、丝帮等商业团体也逐渐成为"日升昌"的客户,一个金融帝国由此诞生。日升昌票号的爆发式增长也促进了山西票号行业的快速发展,晋商经营的票号一度成为中国金融业的代名词。

雷履泰通过对企业内部交易主体的交易结构重构,对企业所有权和控制权进行了拆分,提高了内部交易主体的资源能力的利用效率、票号的经营管理效率及盈利能力。但随着票号所有权和控制权的拆分,产生了代理人问题。为防止出现因为东家干预票号日常经营管理活动而导致企业效率下降的问题,雷履泰对东家的权力进行了严格的限制,东家除了选择大掌柜之外,不能干涉票号其他任何事务,所有管理权归大掌柜所有。但这样一来东家面临的风险增加了,无法对票号进行管控,投资收益水平和本金的安全全部取决于大掌柜,东家除了对大掌柜人选的考核之

历史上的交易智慧：
魏朱商业模式理论视角的解析

外再无其他风险防范措施。这一问题会降低东家的投资意愿，不利于票号进行股本融资。

除此之外，大掌柜、二掌柜、三掌柜等人作为被雇佣的高管，其收入主要是固定工资，经济利益与票号的盈利水平并不直接挂钩，这样一来就容易出现两个问题：其一，管理层工作积极性问题。由于收取固定工资，管理层无须为票号的亏损承担风险，容易出现怠工现象，不利于改善票号的经营状况；其二，在自身收益与票号收益不直接挂钩的情况下，票号管理层有可能为了谋求自身的利益而损害票号的利益。例如，向信用水平较低的客户发放贷款会提高票号的经营风险，但管理层却有可能为了回扣等额外收益而发放这些贷款。管理层人员的这些潜在行为会增加股东的股权投资风险，进一步削弱股东出资的积极性，不利于票号的发展。如何妥善解决此问题？雷履泰设计了"顶身股"制度（见图6-4）。

"顶身股"是一种特殊的企业内部激励机制，可以视为非认购型的MBO，即管理者控股。在顶身股制度下，东家不再是唯一的股东，掌柜和部分伙计也能获得股份，成为票号的股东。不同的是东家通过出资入股，其出资为票号

第 6 章
交易风险管理模式创新

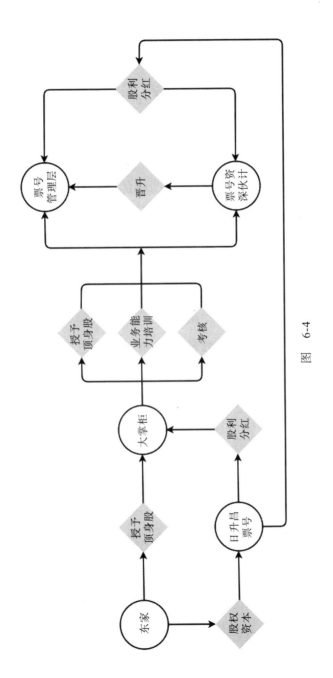

图 6-4

历史上的交易智慧：
魏朱商业模式理论视角的解析

的真实资本，其股份数额取决于其出资数额。而掌柜和部分伙计则以经营管理能力入股，无须缴纳股本资金，其股本为虚拟股本，股份数额的多少取决于职务、资历以及业绩，所得股份总额较少。

"顶身股"的发放有一套严格的等级标准，管理层人员获得的"顶身股"数量取决于其职务的高低和能力。大掌柜获得的"顶身股"数量由东家决定，一般情况可以获得一股，等于十厘。在票号实行限制整股的情况下会下降到九厘，最高可达到十一或者十二厘；其他管理层人员和部分伙计获得的顶身股数量在一厘至八厘之间，具体数目与职权大小成正比；负责客户接待、商洽合作，掌管杂事的伙计可以获得一至二厘"顶身股"；有资格上柜应酬买卖，决断一般营业问题，但对大项目无决策权的伙计可以获得三至四厘"顶身股"；有权定夺一些较重要的项目，并独立开展业务的中层管理人员可以获得五厘"顶身股"；票号的台柱子，大宗交易可直接拍板、盘点分号、核算盈亏，甚至掌管全局的高级管理人员可获得七八厘的"顶身股"。

"顶身股"制度还与票号内部的晋升制度有着紧密联系，已经进入管理层的老员工大多能够获得"顶身股"，但

第 6 章
交易风险管理模式创新

伙计群体中只有极小一部分人能获得"顶身股"。票号伙计想要获得"顶身股",需要经过层层考验,其考核自学徒时期便已开始,要经过长达十年以上的考核周期,通过所有考验的人才能获得"顶身股"。在进票号的头三年,伙计没有假期,不准回家,要做遍各种脏活累活。第一年干杂活,期间对考察目标的品德进行考察;第二年学习业务,需要掌握文化、写字、珠算、票号业务、骑马、蒙古语等业务必备能力;第三年开始跟随老师傅跑生意,在实践中提高业务水平。学徒期满后,这些伙计就不再拥有依附性的身份限制,可以转变为票号的伙友,但还需要在七年班期中做出可观的业绩,无错无误,方能取得"顶身股"。

除此之外,"顶身股"还有一个特点,就是"顶身股"持有者不必承担本金损失风险。如果票号经营不善,本金出现亏损,"顶身股"持有者无须承担亏损,但在盈利时可以分红。基于此特点,我们可以把"顶身股"制度认定为允许员工获得利润分成的内部激励机制,而非股权制度。对那些对票号做出过巨大贡献的掌柜或者伙计,票号对其所持有的"顶身股"实行顶身股继承制度。在他们去世之后,他们的家人仍然可以在一定年限内从票号获得相应的分红，分红年限最长可达七年，年限过后不再享受分红待遇。

通过实行"顶身股"制度，雷履泰改变了东家与票号管理层以及伙计之间的交易关系，双方的交易关系由雇佣关系转变成为合作关系，形成了利益共同体，有效解决了代理人问题，也有助于调动票号工作人员的积极性，提升票号的经营效益。

但"顶身股"制度仍然存在一定的缺陷，可以继续改进。一方面，"顶身股"发放数量过多有可能会造成股权结构失衡，致使东家收益减少。"顶身股"持有者并没有向票号提供过实际资本，但却可以获得分红，随着"顶身股"发放数量的不断增加，在本金没有大幅度增加的情况下东家所能获得的分红却有可能大幅度下降，这样会降低东家的收益预期，削弱东家出资积极性。另一方面，"顶身股"持有者可以获得分红，在企业出现亏损时却不用分担损失，这样容易导致管理层和伙计为了获得分红而过度追逐利润，降低项目风险管控标准，票号高风险项目的比重会上升，如果出现了挤兑现象，东家需要承担一切风险。我们认为可以针对这两点隐患对"顶身股"制度进行一点改进：一

第 6 章
交易风险管理模式创新

是每个分号设置可发放"顶身股"数量的总额限制,以保障东家的利益;二是"顶身股"持有者在票号出现亏损时,需要承担一定比例的损失,其所承担的损失比重可以适当轻于东家,这样可以进一步强化东家与"顶身股"持有者之间的利益共同关系,加强两者行为的一致性。

从业人员行为风险管控模式

企业从业人员,往往会基于自身利益诉求,违背职业道德,出现损害企业利益的行为风险。例如,营私舞弊,贪污,内外勾结,带走企业机密。如何防控?

早在两百年前,著名的平遥钱庄日升昌的大掌柜雷履泰通过建立票号业从业人员信用系统来管控员工的行为风险。雷履泰之所以建立该系统,是因为票号行业是一个对服务提供方信用水平要求极高的行业。一旦出现失信行为,客户会立刻将业务转移至其他票号,甚至挤兑,失信票号也必将被淘汰,这也是票号制定大量内部管理条例的原因。其中许多规定的内容相当苛刻。例如,"十不准"规定:票号的工作人员不准携带家属,不准营私舞弊,不准私营放贷,不准贪污盗窃,不准嫖妓宿娼,不准吸食鸦片,不准

历史上的交易智慧：
魏朱商业模式理论视角的解析

参与赌博，不准假公济私，不准懈怠号事，不准打架斗殴。如果有违反上述条例者，立即开除。

但雷履泰仍觉得这样的处罚威慑力不够。因为只是开除的话，这些违规人员仍然可以在隐瞒信息后去其他票号工作，不能够起到绝对的震慑效果。为此，雷履泰构建了票号行业从业人员内部征信系统，管控从业人员的职业违规行为风险，如图6-5所示。

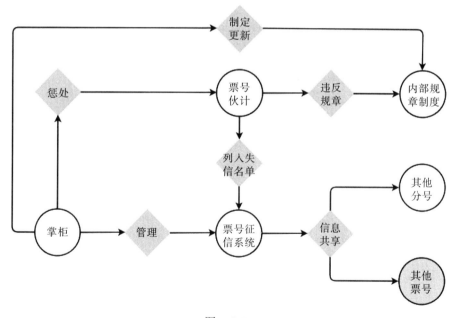

图 6-5

第 6 章
交易风险管理模式创新

雷履泰首先建立了日升昌票号内部的征信系统。日升昌票号总号的管理层负责编写票号的内部规章制度，并将之传送至日升昌票号各分号，各分号的掌柜负责落实这些管理条例，对那些违反规章的工作人员，分号会将其名字列入票号内部征信系统的失信名单中。失信名单会定期传送至各分号，失信名单上的失信人员，各分号不得录用。

在日升昌内部征信系统的基础上，日升昌票号还与其他票号进行合作，将征信系统行业化，以实现"一次失信，彻底失业"。

日升昌天津分号大掌柜冀体谦的实际经历可以为我们展示这个征信系统的威力。冀体谦在担任天津分号大掌柜期间，有位富商为了巴结他，花重金买了一个青楼女子送给冀体谦。冀体谦自恃资格老、贡献大，违规将此女子纳为侧室。后来此事被日升昌总号的巡查人员梁怀文发现并报告总号管理层，总号立即将冀体谦免职并将其列入失信人员名单。被列入失信名单的冀体谦被全体票号拒之门外，只能靠过去积蓄继续勉强度日，而青楼女子因过惯了奢侈生活，无法忍受清苦的生活状态，吞金自杀。冀体谦人财两失,彻底沦落为行业笑话。当时票号业征信系统的威力可见一斑。

◇ 评 论

雷履泰创造了一套从业人员违规行为的行业性惩罚机制,将从业人员的机会主义行为风险转移给员工自身,有效降低了从业人员的行为风险水平。

CHAPTER7 | 第 7 章

胡雪岩的金融交易模式智慧

红顶商人胡雪岩，小时候家境贫穷，年轻时曾在钱庄做伙计，后来开办阜康钱庄，还经营中药、丝、茶等业务。至同治十一年（1872年），钱庄分店遍及国内20多处，资金规模2000万两白银，田地万亩。1882年在上海开办蚕丝厂，耗银2000万两高价尽收国内新丝，企图垄断丝业贸易，掀起第一场中外大商战，惹怒外商联合拒绝购买华丝。因海关海运操于外人之手，不能直接外运。次年夏，被迫贱卖，亏损1000万两白银，家资去半，周转不灵，破产风声四播，各地官僚竞相提款，群起敲诈勒索。11月，各地商号倒闭，变卖家产宣告破产。清廷下令革职查抄，严追治罪；1885年11月郁郁而终。

历史上的交易智慧：
魏朱商业模式理论视角的解析

创新钱庄吸储模式

阜康钱庄吸收富太太的存款

清末，浙江是全国排名靠前的几个富庶地区之一，商业较为发达，涌现出了一大批富商，同时因为税赋收入丰厚和政府对官员监察制度的松弛，浙江府内也出现了一批富官。这些商人和官员手中的资金是浙江各大钱庄眼中的肥肉，各个钱庄都希望能够吸引这些资金来扩大自己的资金池，但是由于同业竞争激烈，各个钱庄所能吸引到的富商和官员的客户数量较少，且客户黏性不强，所以业务效率较低。不过自从胡雪岩进入这一细分市场后，市场竞争状况发生了巨大的转变，市场集中度大幅提高，阜康钱庄获得了绝大部分市场份额。胡雪岩又是怎样做到的呢？

胡雪岩之所以能在此细分市场大获全胜，是因为其明白女性对于市场消费具有重大的影响力这个道理，并将业务交易主体由官员和富商本人转变成他们的太太。受当时社会价值观的影响，这些富太太很少直接参与商业活动，也很少上钱庄存钱，因此原有的钱庄也一直不太关注这一潜在客户群体。但是，精通交易模式设计的胡雪岩敏锐地

第 7 章
胡雪岩的金融交易模式智慧

察觉到了这些富太太的价值，虽然这些富太太不直接参与商业活动，但却对其配偶——那些具有巨大商业价值的商人和官员有着无可比拟的影响力，同时部分富太太还对家庭财产拥有很高的管控能力，这两点便是富太太们的关键资源能力。但是，这些富太太们大多身居深院，对钱庄也没有太细致的了解，业务开发难度较高，传统的业务开发模式并不适用于这一细分市场。商业模式的效力分为四个层次：事倍功半、事半功倍、四两拨千斤、空手套白狼。如果用传统的业务开发模式来开发富太太这一客户群体，必定是事倍功半，而胡雪岩通过业务开发模式的优化，实现了四两拨千斤的效果（见图7-1）！

胡雪岩对交易主体进行了细分，按圈内地位、家庭财富能力、圈内人际关系三个参考指标，将这些富太太区分为枢纽型富太太和边缘型富太太，其中枢纽型富太太具有较高的圈内地位或者圈内人际关系以及相对较高的家庭财富能力，对边缘型富太太有一定的影响力。胡雪岩为那些枢纽型富太太免费提供了带有VIP性质的特别账户，还在每个账户中预存了20两银子。获得这些VIP账户的富太太们将此账户作为身份和圈内地位的象征，主动向账户存

历史上的交易智慧:
魏朱商业模式理论视角的解析

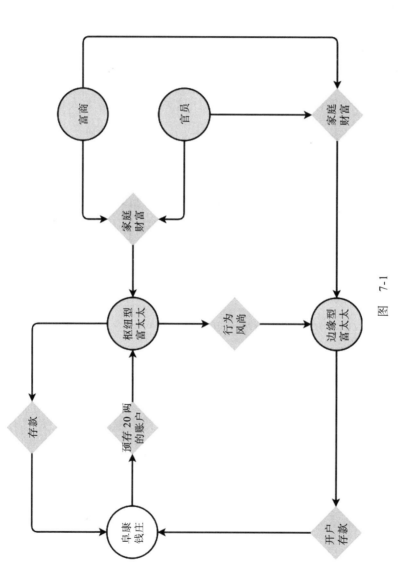

图 7-1

第 7 章
胡雪岩的金融交易模式智慧

入了大笔资金,并作为炫耀的资本。在这些枢纽型富太太的影响下,在阜康钱庄开户存款成了浙江官商富太太圈内的一种行为风尚,那些边缘型的官商富太太们纷纷跟风,为阜康钱庄带来了大量存款,并且胡雪岩不需要为这些边缘型富太太的业务付出拓展成本。

◈ 评　论

有些人在群体中拥有一定的号召力和影响力,能够引领群体潮流。相当于现在的大V、意见领袖。如果能准确识别和找到这样的交易主体,可以获得更多的用户。胡雪岩虽然没有直接和官员及富商交易,但是胡雪岩通过吸引官商的富太太存款,成功地获得了他们的存款,获客成本也远低于传统模式。

阜康钱庄吸收官兵的资本

胡雪岩经营阜康钱庄时期,国内局势并不稳定,战事频繁,对官兵来说,财富管理是一个难题:如果将饷银随时携带,在军队辗转过程中,沉重的银两会带来极大的不便;埋在地下?若阵亡又无人知晓。胡雪岩将目光锁定到

历史上的交易智慧：
魏朱商业模式理论视角的解析

这类特殊客户群体，希望能够将官兵的资本纳入自己的资本来源系统。

胡雪岩首先分析了官兵团体的资源能力特点。首先，单个官兵拥有的财富数量可能不多，但人数众多，总体数量巨大。一支军队往往有几千人甚至上万人，官兵团队的财富总量十分可观，且需求相对统一，可以通过标准化流程以相对较低的成本扩大业务量；其次，官兵团体的职能性质可以为合作方提供特定的保护。官兵们的需求则是希望能够获得可靠的财富管理服务，保障其财富保存的便利性、安全性以及财富转移的灵活性。

了解官兵客户的需求后，胡雪岩推出了强调可靠性的官兵存款服务，通过一次事件营销扩大影响。阜康钱庄向即将前往江苏与太平军作战的杭州千总罗尚德提供了财富管理服务：罗尚德将一万两银子存入阜康钱庄，不要利息也不要存折，胡雪岩仍然让账房伙计在钱庄为罗尚德留下了字据。罗尚德后来战死沙场，临死前，他嘱咐两位战友将自己存在阜康钱庄的钱转给自己的家人。两位战友来到阜康钱庄，本以为会受到刁难，但胡雪岩在证实二人确实是罗尚德的同乡战友后，立刻连本带利将一万余两银子转给了他们。

第 7 章
胡雪岩的金融交易模式智慧

这一举措使得阜康钱庄"重信誉、存款可靠"的名声在军中广为传播。许多官兵纷纷将自己的积蓄无息存放在阜康钱庄,为阜康钱庄提供了大量的散户无息存款。同时,通过将军队资本吸纳入自己的资金池,胡雪岩与官兵团体建立了利益关系,免费获得了官兵团体的支持,在战乱时期为自己其他资金的运转提供了一定的保护作用。

设计与同行同业拆借的交易结构,规避重大关联交易嫌疑

人们通常认为同行是冤家。实际上,同行的资源能力禀赋和优劣势是有差异的。同行的资源能力差异如果有互补性,能够产生增值,就有交易的机会。因此,通过发现同行资源能力的差异和互补性,利用同行的资源能力,给其合理分配收益,就可以把竞争对手转变为交易主体,成为利益相关者,化竞争为合作,化敌为友,皆大欢喜!

在胡雪岩的帮助下,王有龄巧妙地化解了漕粮运输的危机,也得到了时任巡抚黄宗汉的赏识,后者将拨至浙江藩司的 70 万两银子划拨给海运局作为漕银专用。胡雪岩希望可以将这笔资金吸纳入自己的钱庄为钱庄发展提供助力,

历史上的交易智慧:
魏朱商业模式理论视角的解析

但这么大一笔官款如此堂而皇之地存入与王有龄有密切关系的胡雪岩的私人钱庄,会引人非议,一省巡抚与布政使不会坐视不管。就算能疏通巡抚这层关系,日后很可能要付出极大的代价,所以无法实现直接交易。胡雪岩利用其资源优势再一次引入了同行信和钱庄,构建了新的交易模式,实现自身诉求。

此次交易包括三个交易主体:胡雪岩的阜康钱庄、王有龄主理的海运局和信和钱庄。胡雪岩的资源优势在于其与拥有大额存款需求的官府海运局决策层之间良好的私人关系,自身在钱庄多年的工作经历中积累的经营管理能力,以及在上次处理漕粮运输的过程中与信和钱庄建立的良好关系。海运局的优势资源能力在于手中大额的资金,其诉求为合规管理资金以避免行政风险。信和钱庄作为地区内老牌钱庄之一,拥有良好的商业信用,其诉求为增加自身吸纳的存款数量,扩大经营规模。

胡雪岩采用了间接吸纳存款的方式来达成交易,他与信和钱庄签订了业务介绍协议和同业拆借协议。胡雪岩作为中间人帮海运局与信和钱庄进行牵线,海运局将70万两漕银存入信和钱庄,同时不收取利息。信和钱庄在获得海

第 7 章
胡雪岩的金融交易模式智慧

运局的存款后,向胡雪岩的阜康钱庄提供 30 万两白银的无息同业拆借款。引入信和钱庄改变了存款业务的性质,海运局的直接交易主体由关联方阜康钱庄变成了非关联方信和钱庄,在行政管理上合规合法,大幅降低了交易的潜在风险,同时有 30 万两白银资金由阜康钱庄代理,有助于海运局降低资金管理风险。信和钱庄通过提供资金流转中介平台,获得了 40 万两的官银无息存款,开拓了与国有企业之间的业务,扩大了其存款规模,同时强化了与阜康钱庄和海运局之间的合作关系,有助于优化其自身的发展前景。胡雪岩的阜康钱庄通过交易,移花接木地获得了 30 万两白银存款资金,节省了原有交易模式中用于疏通上层关系的成本,与信和钱庄的合作关系也为日后进行临时拆借业务提供了基础,为自身的发展奠定了良好的基础,具体运作流程如图 7-2 所示。

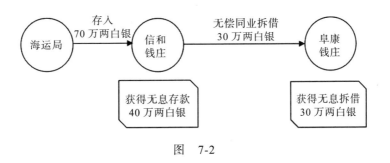

图 7-2

不过，此交易模式存在一定的瑕疵，海运局与信和钱庄之间的存款交易以及信和钱庄和阜康钱庄之间的同业拆借交易都是无息的，虽然这样的安排有助于降低信和钱庄和阜康钱庄的交易成本，提高其收益，但却让海运局失去了其应得的利息收入，后期可能会成为政府判定这笔交易违规的依据，产生了一定的交易风险。如果信和钱庄和阜康钱庄依据自身实际获得的存款数量，依照正常利率区间的最低利率向海运局支付存款利息，就可以有效解决该潜在风险，同时因为采取了较低的利率水平，信和钱庄和阜康钱庄的融资成本仍然很低，对其收益水平的影响也较小。

为政府解难

设计交易结构，化漕帮为利益相关者

宋代以后中国经济重心南移，南方粮食产量多于北方，北方的粮食需求需要靠"南粮北运"来满足。咸丰年间，太平天国在苏州南京一带活动，且京杭大运河年久失修，漕运阻塞，粮食难以北运。一些地方官员锐意革新，提出

第 7 章
胡雪岩的金融交易模式智慧

可将南方粮食通过短途漕运运往上海,在上海依靠海运运往天津港。但从漕运改为海运,会触及"漕帮"的原有利益,因此"漕帮"并不配合杭州一带的粮食通过漕运运往上海,反倒在粮食运输过程中处处掣肘。前任布政使椿寿就是因为浙江的漕粮无法顺利运至上海而被逼自尽的。浙江藩司衙门下属海运局副职"坐办"王有龄找到胡雪岩,希望胡雪岩帮其解决该难题。

胡雪岩一开始认为,只要带着银票到上海附近买粮,再在上海本地交差就可以省去烦琐的漕运环节。实地调研后,胡雪岩发现,松江的粮食已经被当地"漕帮"把控。而"漕帮"与海运在利益上有明显冲突,不会轻易把粮食卖给海运局。如何解决?

胡雪岩通过改变与"漕帮"相关方的交易模式成功破解了难题。

以胡雪岩为代表的浙江海运局希望将粮食运往上海,其主要资源能力在于手中已经收集到的粮食和商业信用,却无法在短期内拿出更多的资金向当地"漕帮"购买粮食。松江当地"漕帮"是另一个交易主体,手中掌握了大量漕粮。痛点在于漕粮积压造成资金紧张,一定程度上威胁到

历史上的交易智慧：
魏朱商业模式理论视角的解析

当地"漕帮"继续经营的能力，其诉求在于维护自身的经济利益，获得短期流动资金。虽然两者的资源能力和诉求互补，却无法直接进行交易。因为"漕帮"认为海运局将破坏其收入来源，不愿意向海运局提供所需要的粮食；海运局也无法在短期内解决漕帮的资金难题。为促成交易，胡雪岩引入了信和钱庄来提供流动性资金，促成了海运局与漕帮之间的交易，如图 7-3 所示。

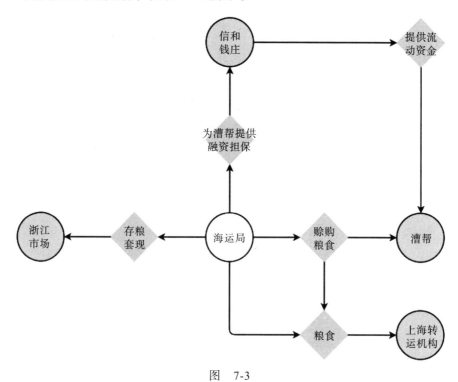

图　7-3

第 7 章
胡雪岩的金融交易模式智慧

首先,胡雪岩与信和钱庄进行交易。以海运局的信誉为担保,让信和钱庄联系其他上海的钱庄共同为"漕帮"提供一年期的低息贷款,以缓解"漕帮"短期流动性不足的问题。同时,胡雪岩向"漕帮"以赊购方式采购其手中积压的存粮。"漕帮"先将手中的粮食交付给海运局,海运局在浙江其他地区出售其先前收集的粮食,待海运局出售粮食后,按双方达成交易时订立的粮价支付所欠粮款。漕帮收到粮款后,再向钱庄偿还贷款。

"漕帮"和信和钱庄接受了胡雪岩的提议,海运局成功完成了将粮食运往上海的任务,"漕帮"出手了积压的粮食并缓解了短期资金压力,信和钱庄则获得了海运局这个大客户。

此次交易中,胡雪岩巧妙地通过引进同行钱庄来实现原有交易主体资源能力的对接,作为地方大型国有企业的海运局,相对于地方民营企业"漕帮",拥有更高的商业信誉,海运局以担保方式帮助漕帮获得了后者急需的短期流动资金,也使得"漕帮"愿意将手中的粮食以赊购的交易方式出售给海运局。这样一来,交易双方的角色发生了变化。海运局由航运的委托人转变为粮食购买者,而漕帮则

历史上的交易智慧：
魏朱商业模式理论视角的解析

由漕运控制方转变成了粮食销售商，交易标的物由运输服务变成了粮食，海运和漕运之间的利益冲突并不影响新交易的达成。同时，由于漕运不通，大量的漕粮积压在上海松江附近。因此，上海的粮价比浙江低出不少，海运局以相对较高的价格在浙江地区出售，再低价向松江漕帮购买粮食，可以获得可观的收益。

产融资源能力交易，进入实体经济领域

当阜康钱庄由地方性钱庄逐渐发展为全国性的连锁钱庄时，胡雪岩的资金池也得到了快速扩张，为了获得更大的收益，他开始涉足其他的产业。可是胡雪岩毕竟只是钱庄伙计出身，对其他的行业不够了解，也缺乏相关的专业能力，而且他个人的精力也是有限的，很难同时兼顾数项业务。面对这个问题，胡雪岩并不刚愎自用地相信自己可以解决多种复杂的业务，而是选择以股权投资和债权投资的方式与其他细分领域内的优秀人才合作，利用自身的资本和人脉优势对这些初创企业进行赋能，而企业管理和生存研发等具有领域专业性的事项则交由具备专业能力的合伙人处理，以提高企业经营效率，从而迅速扩大自身的产业。

第 7 章
胡雪岩的金融交易模式智慧

股权投资进入湖州生丝行业

胡雪岩在开发生丝生意的过程中与多方进行了多次交易，最终创建了上下游一体化的地区生丝行业"卡特尔"⊖。在第一阶段的交易中，胡雪岩主要与刘荣昌进行了交易——胡雪岩拥有雄厚的资本和知府王有龄的支持，而刘荣昌则是一名缺乏资金但拥有深厚资历的丝行伙计，两人的资源能力优势的互补性很强，便合伙开办了一家丝行。

胡雪岩本以为自己有足够的资本，又有本地知府撑腰，生意必定会兴隆，没想到几个月下来丝行竟是颗粒无收。胡雪岩仔细一查，原来湖州的生丝一直被"顺生堂"把控，由于"顺生堂"从中作梗，导致丝行一直无法收到蚕丝。胡雪岩自有的丝行拥有雄厚的资本和政府的支持，而"顺生堂"则拥有更高的市场份额和对上游产业的控制能力。此时，胡雪岩有两个选择，其一是试图利用自己在官府的势力对"顺生堂"强行弹压，为自己的丝行扫平道路；其二则是选择与"顺生堂"合作。善于交易的胡雪岩选择了合作，合作的运作流程如图 7-4 所示。

⊖ 卡特尔（Cartel）由一系列生产类似产品的独立企业所构成的组织，集体行动的生产者，目的是提高该产品价格和控制其产量。

历史上的交易智慧：
魏朱商业模式理论视角的解析

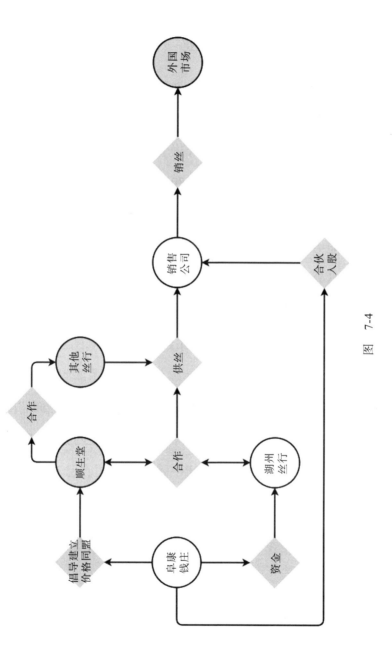

图 7-4

第 7 章
胡雪岩的金融交易模式智慧

胡雪岩与顺生堂掌门尹大麻子达成协议，顺生堂停止对胡雪岩所拥有的丝行的正常业务的干扰行动，双方合作组建丝行的价格同盟，由原本就是行业龙头的顺生堂来联络其他丝行，并说服这些丝行加入他们的价格同盟，而胡雪岩则借助其与政府的良好关系来为价格同盟提供保护。完成与顺生堂之间的直接交易后，胡雪岩又与由尹大麻子介绍的一位在上海"销洋庄"的高手——郭庆春合作，在上海共同开办生丝销售公司，负责向洋人销售从江浙一带收上来的生丝。郭庆春是荣亲王的外甥，年少时曾往德国留学，精通多国语言，对与外国商人交往了解甚多，归国后便在上海滩做起了买办，在买办业务上拥有旁人所不能及的资源优势，胡雪岩与之合作，充分利用了双方的资源优势特点，两人的生意规模迅速扩大。

胡雪岩选择与郭庆春合作，这样一来，胡雪岩虽不善于生丝生意，但却通过与行业精英合伙入股、与同业成立生丝"卡特尔"的方式涉足生丝产业。形成了由湖州生丝行合伙人刘荣昌负责丝行的日常管理，合作伙伴顺生堂负责联络本地其他丝行、订立价格同盟，与郭庆春合伙的上海生丝销售公司负责与洋人谈判、对外销售的完整的商业链条，获得了可观的收益。

创办"胡庆余堂"药店

胡雪岩在随后的生意当中，将"丝行模式"复制到其他各业，自己主要作为出资方，将企业的经营交给那些行业精英，双方利益共通、风险共担。以阜康钱庄为中心，将金融资本渗透进入产业，逐步构建起了自己的商业帝国。

战乱时期，瘟疫横行，药品的需求量急剧上升，胡雪岩决定踏足药店行业。他选择了杭州一位世代经营药材，但家道中落的刘不才作为药店的第一位合伙人。刘不才虽然没有资本，但是却在杭州当地药业颇有声望。刘不才是个专业技术性人才，对企业的管理并不熟悉，因此胡雪岩又邀请了一位精通管理的余老先生做自己的账房先生。三人在企业经营理念上极为一致，均认为做药店应当注重品牌与信誉而不应只追求短期的利润，因此所创建的"胡庆余堂"虽然在前三年未能实现盈利，但却以其周到的服务、高质量的药品成为江浙一带的药店第一品牌。"胡庆余堂"生产的驴皮胶年销量达万斤之多，为胡雪岩带来了极为可

第 7 章
胡雪岩的金融交易模式智慧

观的利润。

但胡雪岩的后续投资仍然是建立在钱庄形成的资源优势上,并没有利用和开发后续产业带来的资源优势,投资的产业十分分散,产业间的关联度很低,全部产业只有钱庄这一个关联节点,整体稳定性很差,风险隔离程度低。一旦钱庄这个关键节点出现了问题,其整个产业群都会快速消亡。事实上,胡雪岩的相关产业在阜康钱庄经营出现问题后便迅速衰败了,胡雪岩的产业网络关系如图 7-5 所示。

历史上的交易智慧：
魏朱商业模式理论视角的解析

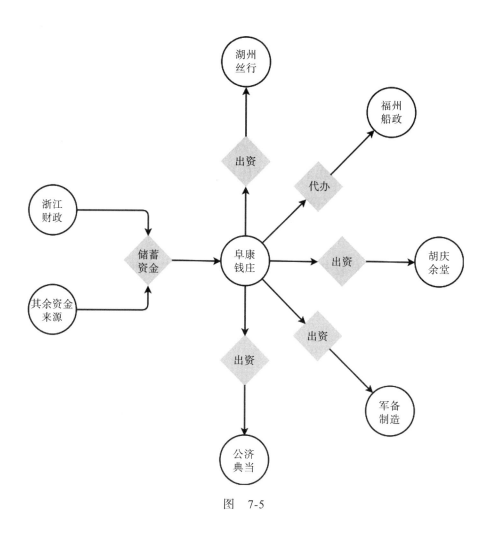

图　7-5

CHAPTER8 | 第 8 章

洋务运动的官商混改模式

盛宣怀，秀才，父亲为官，洋务运动代表人物，实业家和慈善家。因洋务见解受李鸿章赏识，进入李府，协办洋务，创造官商合办、官督商办等模式。创造诸多的中国第一：第一家股份制企业轮船招商局；第一个电报局；第一个内河小火轮公司；第一家银行；第一条铁路干线京汉铁路；第一家钢铁联合企业汉冶萍公司；第一所近代官办大学北洋大学堂（天津大学前身）；第一所近代官办高等师范学堂南洋公学（上海交大与西安交大前身）；中国红十字会第一任会长等。他创造性地用以工代赈方法疏浚山东小清河。

盛宣怀是一个交易设计奇才，多次通过交易升级化解难题。本章分析了盛宣怀三个典型案例的交易结构设计过程。

历史上的交易智慧：
魏朱商业模式理论视角的解析

巧设资本结构，组建官督商办的轮船招商局

洋务运动进行到19世纪70年代，开办企业的浪潮已经从军工行业蔓延至民用领域，航运是当时商业领域中的战略要地。曾国藩在1867年与总理衙门相关官员的来往信件中，已经提到有部分商人在通商口岸通过租赁或直接购买西洋轮船来经营航运生意，同时又将其轮船的所有权挂在外国商人的名下，以逃避清政府管制。这种现象造成了恶劣的影响：一方面，清政府无法对这些航运公司的实际经营者进行有效节制，也无法征税。另一方面，由于航运公司的外资性质，境外势力可以通过这些航运公司来影响甚至控制清政府主要航道，进而影响漕运的通畅以及漕粮的调配，这是对国家主权的间接侵犯，也对清政府的统治造成了极大威胁。

为解决该问题，李鸿章等洋务派大臣主导清政府解除了对租赁或购买西式轮船的禁令，并提出由中国人自己组建新式轮船企业与这些外资企业进行竞争，重新夺回对内陆航运业的主导权。但在如何筹办轮船企业的问题上，政府有两种意见。第一种意见主张与先前的军工企业一样，采用官督官办的形式来建立国有航运公司，公司所需资金

第 8 章
洋务运动的官商混改模式

由政府拨付,日常管理也由政府委派专员进行。这种方案的好处是政府对新建的航运企业拥有绝对的控制权,还可以获得后者经营所得的全部收益。李鸿章等人不同意这个方案。他们认为,航运企业与先前的军工企业在战略性质上有所不同,不需要像对军工企业那样保持极高度的控制;此外,完全官办,不利于提高企业的活力和竞争力,难以在与外资航运公司竞争中胜出。但李鸿章无法说服总理衙门的其他大臣允许由商人来主导航运公司的筹建和管理,相关筹办工作不断拖延。为解决此问题,李鸿章找到了盛宣怀商量对策。

盛宣怀认为,火轮船自入中国以来,上下商民称便。与其听中国之利权全让外人,不如藩篱自固。盛宣怀已经清晰认识到发展先进交通对中国的重要性,同时也看到兴办民用企业维护国家经济利权对抵制外国势力经济渗透的作用。为解决政府对企业的控制力和企业经营效率之间的冲突问题,盛宣怀提出了"官督商办"的模式,政府和民间结合双方各自的资源能力优势,来增强企业竞争力,增进各方利益。

在轮船招商局的建设问题上,政府和民间商人都有自身的资源能力优势和劣势。政府拥有相对雄厚的资本，对漕运等航运业务相关的事务拥有决定权，这对航运公司的经营发展有重要的影响。政府的诉求是建立一家可控的、市场竞争力强的航运公司，改变当前主要航运业务被外资企业把控的局面。但政府缺乏现代企业的经营管理能力，政府委派的专员难以有效提升企业的运营效率，而民间商人的诉求是获得收益，最重要的资源优势则在于企业经营管理经验，同时商人团体也拥有可观的资本。主要劣势在于对行政审批和官营行业的影响力较弱。显然，政府和民间商人二者的资源能力优势拥有很强的互补性，但要有效结合双方的资源能力优势却不容易——如果政府对企业的影响力不够，就无法满足政府的诉求，也就难以获得政府的支持，轮船招商局项目也就无从谈起；如果政府对企业的控制力过强，企业的经营效率就无法得到保障，轮船招商局也就很难在市场上打败外资航运公司，政府的愿景也无法实现。

如何解决这个难题呢？盛宣怀巧妙地通过设计官商交易结构（见图8-1），化解了政府控制与企业效率之间的矛盾。

第 8 章
洋务运动的官商混改模式

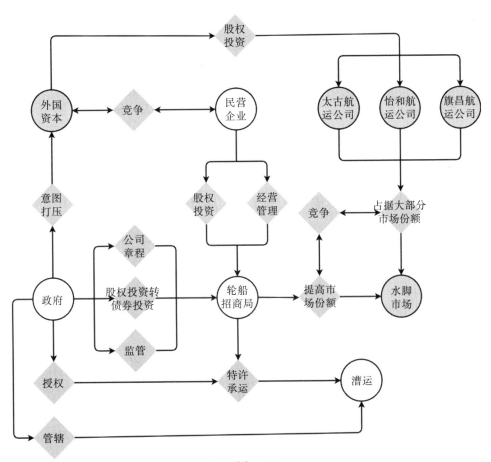

图 8-1

历史上的交易智慧：
魏朱商业模式理论视角的解析

盛宣怀根据政商交易双方的交易诉求，制定了轮船招商局的构架。政府谋求的是对轮船招商局的影响力和监管能力，控制一家企业的方法有很多，并不是只有资本控股才能控制企业，还可以通过订单、供应或债权、法规进行控制；股权分红是激发管理层积极性最好的办法，通过股权收益的盈利分配模式，可以把管理层和企业绑定在一起，形成荣辱与共的利益共同体，提升企业管理效率，还能节省不必要的内部监管成本。基于此，盛宣怀为轮船招商局设计了如下企业构架：全部股权由经过筛选评定的商人认购，同时由这些商人担任企业的管理职务，负责企业的日常经营管理工作。为优化企业资本结构，降低企业经营的资金压力，保障政府的影响力，轮船招商局将吸收一定数额的政府债权资本，政府与轮船招商局之间的关系为债权关系而非股权关系。这样一来，可以在保持政府对企业影响力的同时，避免政府控股造成的经营风险。此外，由政府来制定轮船招商局的企业章程，并在日常的运营过程中对后者进行监督，以更好地保障政府的利益。

在确立了公司的资本结构与治理体系后，盛宣怀又充分利用了轮船招商局的资源能力优势，制定了企业发展战

第 8 章
洋务运动的官商混改模式

略。当时内陆航运行业的主要竞争者为太古、怡和、旗昌三家外资公司,这三家公司市场势力强大,基本垄断了内陆主要航道的航运业,收入以"水脚收入"(主动承揽商业物品运输取得的收入)为主。轮船招商局若想通过与市场现有的竞争对手直接抢夺"水脚收入"来进入该行业,势必会引发价格战。作为一个初创企业,招商局建立之初并没有那么多良好的码头和揽客的经纪人。若是贸然抢夺水脚市场的市场份额,很有可能会落败。轮船招商局很难通过直接与竞争对手抢夺"水脚收入"进入市场,需要开辟其他业务拓展盈利点,形成其他三家公司难以染指的收入来源,在此基础上再争夺水脚市场的市场份额。

作为一家官督商办的企业,与政府的友好关系是轮船招商局的重要资源,充分开发利用这一资源能力可以极大地提高轮船招商局的竞争优势。清政府当时虽然无法控制航运业中的外资企业,但拥有漕运的控制权和承运人的决定权。政府的漕运原来由沙船帮运输,随着运量的不断扩大,沙船帮已无法满足政府的要求。盛宣怀提出由轮船招商局来代替沙船帮负责漕运的承运工作,这样既可以满足政府的漕运需求,也可以为轮船招商局的发展提供助力。

利用轮船招商局与政府的特殊关系,在李鸿章与两江总督沈葆桢的帮助下,盛宣怀成功为轮船招商局获得了政府漕运的垄断承运权。

在盛宣怀的运作下,招商局结合自身背景与市场情况确立了以政府漕运订单为根基,同时积极参与水脚揽客竞争的策略,使招商局在1872年进入市场之初成功站稳了脚跟,并在经营中略有盈余,打破了外资企业对航运行业的垄断局面,成为当时航运市场上的新兴企业。

独具慧眼发现亏损企业的资源价值,实现对航运行业龙头公司的并购交易

旗昌航运公司是航运行业三家外资企业中规模最大的一家,由于盛宣怀主导的轮船招商局1872年的进入,加剧了市场竞争,再加上商业周期的原因,旗昌航运公司于18世纪70年代中期出现了大幅亏损,旗昌公司的股东不得不寻求外部收购。轮船招商局内部对于是否要收购旗昌公司产生了较大的分歧。许多股东认为,收购旗昌公司对轮船招商局来说过于勉强。

截至1876年,旗昌公司资产总额为2 250 000两白

第 8 章
洋务运动的官商混改模式

银,而轮船招商局为 2 123 457 两白银。招商局想要收购一个与自己体量相当的行业巨头绝非易事。此外,旗昌公司旗下的轮船破损率较高,其资产的真实价格远低于账面价格,旗昌公司的股票从最高时的每股 200 两白银跌至 50 两白银。轮船招商局的股东们普遍认为旗昌股价处于不断下跌的过程,此时收购旗昌公司只能坐等贬值,收购旗昌公司并不能为轮船招商局带来正面的经济效益,轮船招商局真正该做的是做好在旗昌公司倒闭后争夺其原有市场份额的准备。

但盛宣怀却持有相反的观点,坚持认为收购旗昌航运公司十分必要,这是为什么呢?

持反对意见的股东依据的是会计报表呈现的数据,旗昌航运公司的会计报表确实反映了当前的困境,利润水平大幅下降,资金链近乎崩溃,原有资产大幅度减值。从会计角度看,旗昌航运公司确实算不上一个好的并购对象。但产业并购不能只看会计报表,产业并购的目的是获得互补的有价值的资源能力。因此,在评估并购项目可行性时,不能只考虑并购目标公司的会计报表反映出的经营状况,还要分析并购目标所拥有的资源能力是否具有投资价值，是否能增强企业的竞争优势、助推企业自身成长。旗昌航运公司的盈利能力确实很差，但拥有两个高价值的资源能力：

（1）**市场份额带来的议价能力**。轮船航运业需要投入大量的资本，有较高的进入壁垒，同时现有的其他内河交通工具也难以撼动轮船运输的地位。因此，内陆航运业以现有的几家公司的存量竞争为主，多收购一家公司，就会同等增加自身的市场势力。旗昌公司作为业内的寡头之一，拥有可观的市场份额，这些市场份额能够提高议价能力，增强行业竞争力。此外，除了招商局，英国的怡和公司也有吞并旗昌的能力。一旦让外国公司吞并了旗昌公司成为第一大航运公司，势必会使轮船招商局处于议价的不利地位。即使其他公司不收购旗昌公司，旗昌公司破产后，轮船招商局要想与其他航运公司争夺旗昌公司原有的市场份额，也需要付出极高的成本。反之，如果招商局能够收购旗昌公司，将大大提高自身的市场占有率和议价能力，提高后期在与其他公司竞争过程中获胜的可能性。

（2）**优质码头**。虽然旗昌公司的一些资产损耗严重，可旗昌公司却有一样资产被显著低估，即其所拥有的优质

第 8 章
洋务运动的官商混改模式

码头。在旗昌公司的资产负债表上，列示该项资产仅为 20 余万两白银，但主要航道上的优质码头数量有限，对码头的控制力决定了航运公司对于航线的影响力。轮船招商局作为新兴企业，虽然发展速度较快，却无法在码头等固定资产数量上与几家老牌企业相提并论，旗昌公司拥有的码头正是轮船招商局所急需的资源能力。如果招商局可以获得旗昌航运公司手中的这一稀缺资源，招商局的业务将拥有更强的排他性，市场竞争力也会变得更强。因此，其真实价值远非 20 万两白银所能衡量。基于旗昌公司所拥有的这两项关键资源能力，盛宣怀认为收购旗昌公司对轮船招商局利大于弊。

在判断目标公司资源能力价值后，盛宣怀下定决心要并购旗昌航运公司，但他需要解决一个难题——资金来源。旗昌公司的体量大于轮船招商局，仅凭轮船招商局当前的自有资本无法完成收购交易，必须依靠外部融资。但如何融资？

股权融资和债权融资是企业融资的两大融资手段，两者各有优缺点：股权融资有助于降低企业的利息负担，为企业后续发展减轻压力，但股权融资会带来股权稀释。轮

历史上的交易智慧：
魏朱商业模式理论视角的解析

船招商局在成立之时，其股份全部由经过审核的商人认购，股权融资会扩大股东群体，降低原有股东的管理积极性，也不利于盛宣怀管理轮船招商局。此外，由于股东们普遍看好手中所持有的轮船招商局股份的升值潜力，反对稀释自身的股份，又不愿意继续追投，只想保持现有的股本状态，大规模进行对外股权融资的难度较大。债权融资不会变动企业的股本结构，但如果举债并购，将会给轮船招商局造成巨大的财务负担。如何设计并购融资的资本结构？

盛宣怀充分利用了轮船招商的资源优势，作为一个官督商办的准国有企业，政府的支持是轮船招商局独特的资源能力优势。他说服了两江总督沈葆桢为招商局提供了100万两白银的低息官府借款作为最底层资金，利率7%～10%。剩下的120万两白银资金则从民间金融市场上筹集。为保障股东权益和降低内部股东对并购的反对力度，盛宣怀仅仅发行22万两白银新股，剩下的100万两白银通过在民间筹集一种介于股权与债权之间的夹层资金弥补资金缺口，最终以较低的成本成功筹集到了收购所需的222万两白银。用于收购的资金构成和资金筹集运作流程如表8-1和图8-2所示。

第 8 章
洋务运动的官商混改模式

表 8-1

新发股本：22 万两白银	
官府借款：100 万两白银	收购资金：222 万两白银
夹层融资：100 万两白银	

为了减少资金压力，盛宣怀通过谈判，将付款分为三期：第一期支付 62 万两白银；第二期在一年之内再支付 60 万两白银；剩余的 100 万两白银将在接下来的五年内还清，年息为 8%。

盛宣怀的并购融资结构设计精妙，既没有对轮船招商局后期经营造成太重的财务负担，也没有过分稀释原股东的股权。并购收益方面，轮船招商局通过并购获得了市场份额和优质码头两项关键资源能力，这两项资源能力有效提升了轮船招商局的竞争力。1877 年后，时值灾年，赈灾所需运送粮食骤然增加，漕运订单显著增加。若无并购旗昌后带来的产能扩张将难以应付。招商局在接管旗昌公司诸多优良港口及船只后，市场占有率跃居到行业第一，招商局通过其市场势力迫使怡和、太古公司不得不停止价格战。三方于 1878 年签订了第一次齐价合同，招商局也因其高市场占有率收割了行业近 40% 的利润。尽管在随后的运

历史上的交易智慧：
魏朱商业模式理论视角的解析

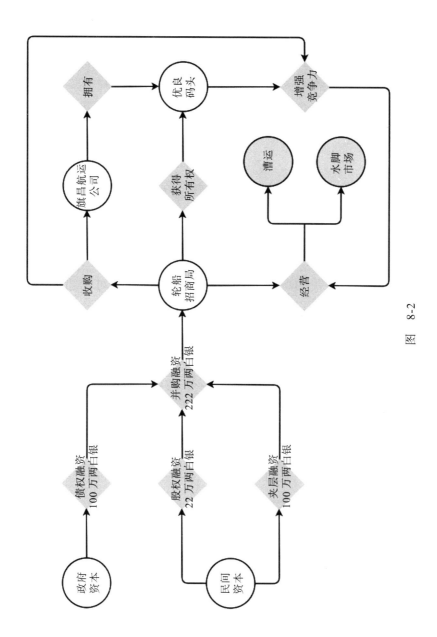

图 8-2

152

第 8 章
洋务运动的官商混改模式

营中,收购的船只多数因老旧遭到淘汰,但从收购旗昌所带来的市场地位提升来看,这笔收购交易非常成功,为轮船招商局的增长提供了强大的助力。

轻投入整合产业链上下游

作为后洋务时代的代表性人物,湖广总督张之洞于 1890 年引进西方钢铁技术创办了官办企业汉阳铁厂。这个坐落于汉水之滨的大型钢铁焦煤联合企业拥有生产多种钢铁产品的工厂以及铁山开矿机器、矿运铁路、水陆码头等诸多基础设施,占地东西三里余,南北大半里,是个不折不扣的钢铁巨无霸。然而在汉阳铁厂创立伊始,创办人张之洞既没有周密的计划,也缺少对现代工业知识的理解,使得汉阳铁厂在最初运营的几年损耗甚大,亏损连连,却始终无法炼出合格的钢铁,与开办之初所设想的产量更是差之甚远。张之洞想要引入外资改变汉阳铁厂的现状却遭到了社会各界的反对,不得已之下想到了精通洋务的盛宣怀。

汉阳铁厂经营不善正值甲午战争(1894 年)后,盛宣怀的支持者李鸿章签订《马关条约》后在朝堂之上已然失势，盛宣怀本人也赋闲在家，在接到张之洞的邀请后便欣然赴约。而盛宣怀上任后的头等大事便是分析铁厂亏损的原因，并找出可行的方案迅速扭亏为盈。

改革铁厂股权结构，通过间接持股实现绝对控制

盛宣怀所做的第一步便是为处在破产边缘的汉阳铁厂寻找资金支持。据史料显示，至1896年汉阳铁厂改为"官督商办"模式为止，统共实收库平银 5 586 415 两，实用库平银 5 687 614 两，企业开设时所募集的官股竟已消耗殆尽。为此，盛宣怀极力主张铁厂效仿轮船招商局的模式，采取"官督商办"的方式，大力吸收民间资本，招揽中外人才。盛宣怀将官府原有投入的500余万两白银全部由股权转为债权，使官府资本只享受利息报酬而不能直接插手企业的经营管理，并将企业名称由官办时期的"湖北铁政局"改为"湖北钢铁厂"，官方名称将"局"改为"厂"也显示了将铁厂彻底转为商办企业的决心。盛宣怀迅速拟定了《招商章程》，打算募资100万两白银，然而汉阳铁厂的首次公开募股时民资反应一般，因此盛宣怀选择利用自己已控制的公司如招商局、中国通商银行等公司入股汉阳

第 8 章
洋务运动的官商混改模式

铁厂，使其用极少的原始资金便撬动了汉阳铁厂这一钢铁巨头，既保证了汉阳铁厂成功改为民资背景又使自己完全掌握了铁厂的实际控制权，汉阳铁厂改制初期资本构成如表 8-2 所示。

表 8-2

投资者	白银数额（两）	持股比例 %
轮船招商局	250 000	25.0%
电报局	222 000	22.0%
中国通商银行	328 500	32.8%
萍乡煤矿	100 000	10.0%
钢铁学堂	39 000	3.9%
南洋公学	6 000	0.6%
古陵记	36 500	3.7%
上海广仁堂	20 000	2.0%
总计	1 000 000	100.0%

在完成了汉阳钢铁厂所有制改革后，盛宣怀开始着手解决钢铁厂的经营困局。盛宣怀认为，仅仅靠改善铁厂自身的经营管理不足以扭转当前的经营颓势，需要构建一条稳定的产业链，通过整合钢铁行业的上下游，建立一个大型的钢铁联营公司，通过产业整合解决汉阳铁厂的发

历史上的交易智慧：
魏朱商业模式理论视角的解析

展难题。为实现这个目标，盛宣怀实施了下述四个整合行动。

（1）产业链延伸与工艺技术升级：提升产品品质和锁定用户需求订单。优质的产品是企业持续增长的基础，盛宣怀对产品品质的重要性有着深刻的认识。他认为，汉阳钢铁厂要实现发展，必须打造一款爆款产品，为钢铁厂带来可观的收益并使之成为细分领域中的领头企业。他将目光放在铁轨上。基于多年的洋务经验，盛宣怀认为，随着中国市场不断开放，铁路建设投入必定会进一步增加，铁轨的需求也会大幅增长。如果汉阳钢铁厂能够生产出优质铁轨，那么未来汉阳铁厂的经营状况一定会好转。

为此，盛宣怀向张之洞提出了同时承办铁路建设的要求。他认为，如果掌握了铁路的建造权，就可以为铁厂所生产的铁轨找到可靠的销路，铁厂所需的运营资本就可以从铁路经费中获得。盛宣怀此想法得到张之洞的支持，他也成功在新成立的铁路总公司中任督办，负责建造芦汉、粤汉等铁路，为汉阳铁厂进入铁轨市场打下了良好的基础。

但事情的进展并没有那么顺利，张之洞于汉阳铁厂创办时从国外购置的炼钢设备采用"贝色麻炉法"，1904年

第 8 章
洋务运动的官商混改模式

前生产的铁轨质量多不符合标准,汉阳铁厂多次为铁路公司提供样品均遭到拒用。为了提高产品质量,盛宣怀派专人出国对西方国家的铁厂进行考察。

考察结果显示,问题出在汉阳铁厂的生产技术上。汉阳钢铁厂所使用的大冶铁矿石及萍乡的焦煤皆为上等原料,但大冶所产铁矿石含磷量较高,而汉阳铁厂之前所购置的炼钢设备"贝色麻炉法"为酸法,无法有效剔除铁矿石中的磷物质。钢铁中如果磷物质过多则会导致钢轨过于脆弱,容易断裂。采用马丁炉碱法炼成的钢铁可有效剔除多余的磷物质同时不用降低钢轨中的碳含量,符合大冶铁矿石的特点。盛宣怀当机立断废弃原有的贝色麻炉,向外国制铁厂引进生产技术,改用马丁炉。盛宣怀 1904 年开始对汉阳铁厂原有的贝色麻炉进行改建,1907 年改建完成,当年 10 月起正式出铁。通过技术引进的方式对上游科研环节进行整合,盛宣怀成功地为汉阳铁厂打造了一款爆款产品,其炼制的生铁被欧美称为"极品",生产的铁轨成为国产铁轨的质量标杆。1910 年,汉阳铁厂的铁轨年销售额已达到 142.8 万两白银,还远销美国、日本等地。

(2)对上游原料环节的整合。炼铁使用煤炭的价格过

历史上的交易智慧：
魏朱商业模式理论视角的解析

高是汉阳铁厂先前连年亏损的一个重要原因，高昂的生产成本推高了钢铁产品的价格。当时汉阳铁厂用的煤炭主要来源于开平煤矿和英国进口煤炭，需要远距离运输，价格很高，用这两种煤炭所生产的生铁生产成本在 19 两白银 / 吨左右。为降低生产成本，盛宣怀专门探查了邻近诸省的煤炭质量情况，决定以江西的萍乡煤来代替原先使用的开平煤和进口煤。

盛宣怀采用了直接投资的方式，用汉阳铁厂的自有资金在萍乡开采煤矿，以供应生铁生产，此举将生铁的生产成本降低了百分之三十，每吨成本仅为 13 两白银。为了进一步降低煤炭成本，盛宣怀 1899 年向德国礼和洋行借款 130 万两白银用于购买先进开采设备，并以轮船招商局及萍乡煤矿资产抵押，这些新式设备大大提高了萍乡煤矿的产煤效率。萍乡煤矿自 1898 年创办至 1904 年底，已累计供应汉阳铁厂焦煤 32 100 余吨，萍乡煤矿所供应的成本每吨只需白银 11 两，在短短 6 年中已经为汉阳铁厂节省了 160 万两白银左右的开支。除了燃料，盛宣怀还对铁矿进行了整合。张之洞 1890 年兴办大冶铁矿作为汉阳铁厂的原料基地，盛宣怀在接手汉阳铁厂后，对铁矿进行了系统性

第 8 章
洋务运动的官商混改模式

的开发和建设，提高了铁矿的产量，保障了铁矿石供应的稳定。通过对萍乡煤矿和大冶铁矿的开发，盛宣怀帮汉阳铁厂有效整合了上游产业，保障了生产原料的品质和供应，还降低了生产成本，为汉阳铁厂生产规模的扩大和企业价值的增长提供了保障。

（3）**对运输环节的整合**。为了进一步降低生产成本和运输成本，盛宣怀还对运输环节进行了整合。汉阳铁厂与其股东轮船招商局签订了航运委托协议，由轮船招商局负责铁厂的原材料航运业务，后者还为此建立了一支运输船队，专门用于汉阳与矿区的原料运输任务。在降低原料运输成本的同时，有效地提高了汉阳铁厂内部产业链的效率。盛宣怀又指挥铁路总公司为汉阳铁厂与萍乡煤矿间修建运输铁路，双方签订协议，汉阳铁厂可先行赊购铁路，铁路公司可通过手中的应收账款进行债转股，增持汉阳铁厂的股份。这使得汉阳铁厂免费获得了两条铁路，缓解了公司在基础设施建设中的资金压力，进一步提高了企业生态圈的整体效率，如图 8-3 所示。

通过对产业价值链各环节的整合，汉阳铁厂已由一个坐落于汉水之畔的国有钢铁厂发展为了一个横跨湖北、江

历史上的交易智慧:
魏朱商业模式理论视角的解析

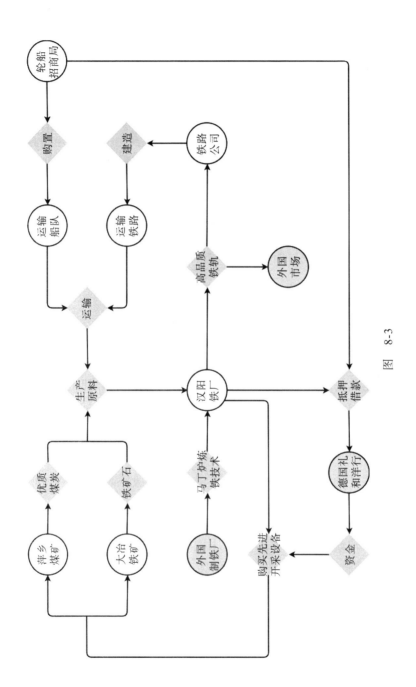

图 8-3

第 8 章
洋务运动的官商混改模式

西两省，拥有现代先进机器设备和完备的运输基础设施，涵盖钢铁产品生产、煤炭开采、铁矿石开采的大型综合企业，建立了一个较为稳定的企业生态圈，为汉阳铁厂后来经营规模的进一步扩大提供了内部动力。

CHAPTER9 | 第 9 章

冼冠生与近代中国营销模式创新

冼冠生及冠生园历史简介

  冠生园是一家为大众所熟知的百年老字号食品企业，创建于 1915 年。在其诞生和发展的 100 多年里，冠生园经历了战火的洗礼、社会制度与形态的大变革、改革开放的新时代，成长为一家与时俱进的现代化企业，主要生产和经营糖果、药补酒、蜂制品、面制品、调味品五大类产品，包含上千个细分品种。目前，与超过 100 家国外经销商建立长期业务合作关系，并在 50 多个国家和地区注册了商标。

  一个传奇的企业，往往有一个传奇的创始人，冠生

历史上的交易智慧：
魏朱商业模式理论视角的解析

园的创始人——冼冠生，就是一位白手起家的近代民族资本家，一位极具创造性的市场营销专家，一位交易模式的设计高手，他的交易故事可以为我们带来许多颇有价值的启发。

"陈皮梅"生意的名角合伙人

梅子具有性平敛肺、生津止渴、清凉润喉的药理作用。冼冠生利用梅子这一药理特性，用来作为制作蜜饯的主料，开发了一种梅子蜜饯"陈皮梅"。"陈皮梅"清凉润喉，生津止渴。但冼冠生没有资金去大张旗鼓地营销和规模化生产，也没有好的销售渠道，只能小规模生产后，拿到戏园兜售，生产和销售效率都很低。

找谁来提供资金、市场推广和规模化生产？

由于冼冠生没有社会资源，寻找资金和渠道的提供者非常困难。在戏园兜售"陈皮梅"的冼冠生，苦思冥想，随之突发奇想，能否在戏园里搜寻到潜在的交易对象？

戏园里有两类人——听戏的有钱人和唱戏的名角，这两类人都有一定的财力，可以为冼冠生营销和规模生产提供资金。相比之下，名角比听戏的有钱人更适合做冼冠生

第9章
冼冠生与近代中国营销模式创新

的交易对象。一方面，名角的交易动机比听戏的有钱人更强，听戏的有钱人有更多的投资机会，社会地位相对较高，冼冠生与之达成交易的可能性较低。而名角虽然收入不低，但投资机会少，靠技艺谋生的他们投资好项目的积极性更高。同时，这些名角虽然有名，但社会地位并不高，与冼冠生达成交易的可能性较高。另一方面，这些名角有社会关注度，可以为产品代言。

但如何将目标交易对象转变为实际的利益相关者？由于冼冠生知名度低，直接找这些名角谈合作，失败的概率会很高。即使名角愿意合作，冼冠生在收益分配问题上也会处于劣势。怎样才能改变冼冠生的劣势处境？既然主动提出交易请求的希望渺茫，是否可以想办法让对方主动提出交易请求。好产品是一家企业立足的根本，好产品本身就是一种营销。要让对方主动提出交易请求，就得让对方体验到产品的独特价值。

某日，名伶薛瑶卿唱戏唱哑了嗓子，台下有人递上来几粒"陈皮梅"。服用"陈皮梅"后，薛瑶卿嗓音居然很快就恢复了！自身的体验让薛瑶卿看到了"陈皮梅"的功效，随即将"陈皮梅"推荐给了演武生的夏月珊和演花脸的夏月润，在共同体验了"陈皮梅"的功效后，三位京剧名角一起找到了冼冠生，提出希望入伙"陈皮梅"生意，冼冠生求之不得。

冼冠生与三位名角协商后，决定共同创办冠生园。薛瑶卿、夏月卿、夏月润三位名角，以及由三位名角邀请入伙的上海明星电影公司老板郑正秋以股权投资的方式入伙冠生园。其中，薛瑶卿、夏月卿、夏月润联合出资500元，获得冠生园三分之一的股份；郑正秋独自出资500元，获得冠生园三分之一的股份；冼冠生以生产技术出资，也占冠生园三分之一的股份。冼冠生出任冠生园公司总经理，负责公司日常经营管理活动；薛瑶卿、夏月卿、夏月润三人则帮助冠生园打开了上海各大戏园的市场，并为陈皮梅免费代言宣传；郑正秋则通过自己的人脉资源与上海滩大佬黄金荣等帮派头目接洽，帮助冠生园获得了进入黄金荣等人所把控的上海各大娱乐场所兜售的许可，具体运作流程如图9-1所示。

第 9 章
冼冠生与近代中国营销模式创新

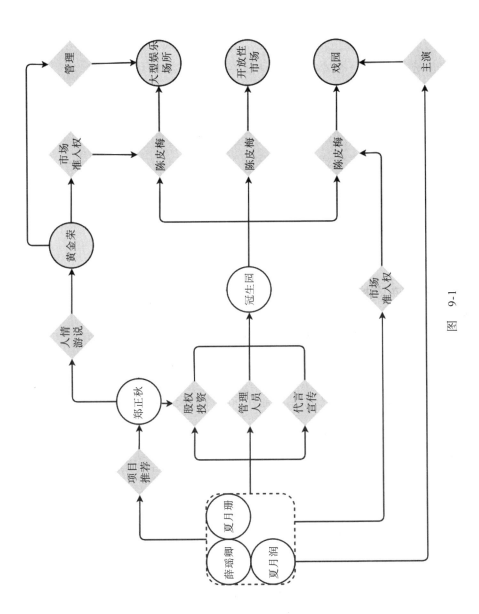

图 9-1

历史上的交易智慧：
魏朱商业模式理论视角的解析

◆ 评　论

冼冠生，一个小商贩，通过名角对产品的体验，把名角用户转变为公司股东。这些名角，按现在的说法，自带流量，拥有多种资源、多重角色。通过名角的社交圈，扩大交易主体，获得演出场所的进入资格。冼冠生通过此次交易设计，一石三鸟。一举获得了资金、名角免费代言（节约了资金）和市场渠道，快速提高了知名度。

创新"陈皮梅"散销模式

对于企业来说，销售极其重要。如果销售做得不好，无论企业的产品拥有多么优良的品质，都难逃破产倒闭的命运，深谙此理的冼冠生对冠生园的销售给予了极高的重视。当时百货商场尚未发展成熟，食品制造企业的产品销售方式主要有专营店直销和散销两种。专营店直销是指由食品公司自己开设专卖店直接销售自己生产的食品，主要针对主动购物型客户。该模式的好处在于固定的店面可以提高企业和产品的知名度，也能为顾客提供复购的途径，有利于提高顾客黏性。其缺陷在于固定的店铺提高了顾客

第9章
冼冠生与近代中国营销模式创新

的往返成本，会对顾客的消费积极性产生负面影响；此外，专营店的建设成本也会抬高店内销售商品价格，一定程度上削弱产品的市场竞争力。散销是指由销售人员以兜售的方式，在非固定的地点将产品销售给消费者。这种销售模式针对的是被动购物型客户，好处在于节省了专营店的建设与经营管理成本，有利于降低产品价格，提高产品的竞争力，快速提高产品的知名度，还可以节省客户购买商品的往返成本，提高客户的效用水平。其劣势在于不利于增强企业的客户黏性，同时管理难度较高。如果用企业的员工进行销售，培训成本过高，且销量无法得到保障；外包给职业小贩又容易产生代理人问题。规模较大的食品企业往往同时采用两种销售模式，即在开设专营店的同时，培训本企业的职工进行散销。资金状况相对较差的企业则只能选择一种销售模式。

冠生园创立初期，没有那么多资金采用专营店销售模式，主要采用散销模式。通过调整与职业小贩交易收支模式，巧妙地解决了散销难题（见图9-2）。

历史上的交易智慧：
魏朱商业模式理论视角的解析

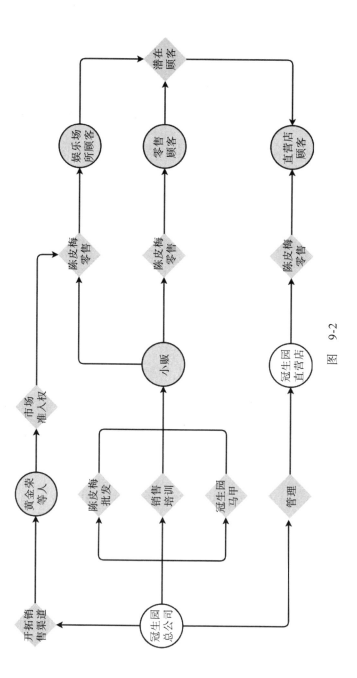

图 9-2

第 9 章
冼冠生与近代中国营销模式创新

以往食品公司与职业小贩合作，都是采取销售分成的盈利模式，小贩按其散销的销售金额获得提成。但在这种模式下，容易出现小贩为增加销售数量而故意低价销售的情况，因为小贩按比例收取提成，承担的降价损失较少，销售总量的增加可以弥补这种损失。这种降价销售的模式能够提高小贩的预期收入，但厂家承担的降价损失却较大。冼冠生采取了与众不同的销售模式，改变了企业与职业小贩之间的交易模式：将两个交易主体之间的关系由雇佣关系改为合作关系。

冠生园以较低的批发价将陈皮梅销售给小贩，同时为小贩提供销售培训和印有冠生园字样的马甲，还利用合伙人的资源能力优势与黄金荣等人进行洽谈，后者允许身穿冠生园马甲的小贩进入其控制的娱乐场所进行兜售。

冼冠生对交易双方的盈利模式进行了调整，兜售过程中，销售价格由小贩自行决定，超过批发价的部分全部归小贩所有，即把行业内通行的双方分成模式转变为冠生园拿固定、小贩拿剩余的交易收支模式，消除了销售过程中售价变动带来的营收波动风险，极大地调动了小贩的销售积极性。在这种盈利模式下，也不会再出现先前的恶意降价促销的情况。此外，冠生园利用自身的资源能力优势，免费为小贩提供更好的销售技能和销售环境，以提高散销商品总数，冠生园在此销售模式下，盈利水平与销售数量挂钩，收入水平也将随着小贩销售环境的改善而提高。小贩穿着冠生园的马甲在各处兜售商品这一行为，在无意中也为冠生园进行了品牌宣传，节省了一大笔宣传费用。此外，冼冠生还在此交易模式中设置了很好的把控机制，其与黄金荣等人商定的市场准入条件为——"允许身着冠生园特制小马甲的小贩入场销售"，这样一来，冠生园的小马甲就变成了市场准入资格的凭证，也变成了冠生园的一项特殊资源能力。冠生园可以通过强化对马甲发放和收回的管理来加强自身对小贩机会主义行为风险的制约能力。

创新冠生园食品规模化营销模式

在冠生园创办初期，冼冠生通过与黄金荣等人以及职业小贩之间的交易，成功地打入并一定程度上垄断了这些小众市场，为冠生园生产的产品提供了一定的销售保障。但要想做大做强，光占据这些小众市场还远远不够，必须在主流市场中占据一席之地。而要进军主要市场，冠生园

第 9 章
冼冠生与近代中国营销模式创新

将不得不与其他老牌食品公司竞争。虽然冠生园的产品具有很强的竞争力,但在当时那个信息传播机制不发达的时代,作为一个新兴公司,冠生园在品牌认可度和客户规模上一时还难以与其他几家大型食品公司竞争,要如何才能提高市场份额,加快企业成长?

冠生园拥有的最大资源能力优势:优质的产品。冠生园的诉求在于快速提高产品销量、市场占有率和企业价值,为实现此诉求,冠生园可以在短期内承受少盈利、不盈利,甚至亏损。通常的做法是低价促销,吸引客户。但直接降价很有可能会引发其他企业竞相降价,引发食品行业的价格战。冠生园财务实力并不强,价格战可能伤及自身,反受其害。基于此,冼冠生创造性地设计和实践了数种促销方法,如图 9-3 所示。

首先,冼冠生制作并出售了包括一元、十元、五十元在内的等多种面额的购物券,就是现在在百货商场出售的预售券。这些购物券大都折价发行,购券者可以用九五折至九折的价格购买这些购物券,进而获得优惠。

其次,这些购物券还可以跨区域通用,持券人不仅可以凭券在上海地区的冠生园门店购买货物,也可以用于在

历史上的交易智慧：
魏朱商业模式理论视角的解析

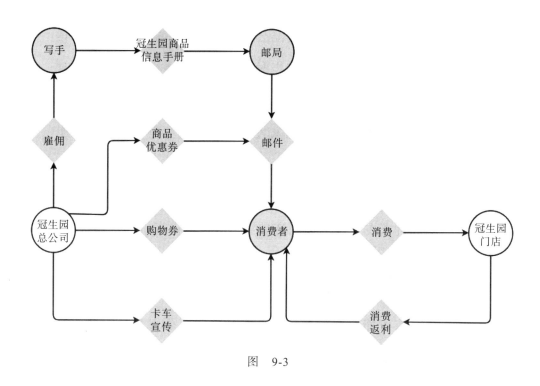

图 9-3

外省市的门店购买冠生园的产品。

除了直接向消费者销售购物券，冼冠生还向大型团体推销购货券，让后者批量购买后用于内部福利发放给其员工。为了加速消费，冠生园的购货券会设定一定的使用期限，如果不在指定期限内进行消费，购货券将会失效。这一举措有效提高了客户的购买积极性。

冼冠生还雇用了一批熟知市场行情和消费者心理的职

第 9 章
冼冠生与近代中国营销模式创新

业"写手",组织编写了《冠生园商品信息手册》,定期更新。冠生园通过邮局定期向一些新老顾客寄送最新的《冠生园商品信息手册》,并在邮件中附赠一些优惠券,消费者可以凭优惠券在冠生园的各个门店享受一定折扣的优惠进行购物。为避免与购物券的推行产生冲突,这些免费附赠的优惠券的优惠力度往往低于购物券,而且能够享受优惠待遇的商品总额也更小。此外,消费券的发放是以客户性质为指导的,老客户的黏性更强,复购的可能性更高,因此往往能够得到总金额更高、优惠力度更大的优惠券;而新客户的客户黏性相对较弱,复购的可能性低,因此寄送给新客户的优惠券的优惠力度和总金额水平也往往会有所削减。

最后,冼冠生还推出了一系列体验式营销和返利活动,如"冠生园一日游""冠生园超山梅林场二日游""冠生园食品品尝会"等。冠生园以顾客消费额为依据给予相应的活动入场券,消费金额越高,顾客能参与的活动越多,享受到的待遇就越高,类似于现在的 VIP 待遇。此外,为进一步激发客户的消费积极性,冼冠生还将冠生园的部分运货卡车改造成特殊的广告车,在车身上绘制了引人注目的广告，车厢内部则改造成活动柜台，用于陈列商品。每逢重大活动，冼冠生就会出动这些醒目的广告车，宣传企业品牌和新式商品，进一步提高品牌知名度和消费者的消费积极性。

冼冠生三管齐下的促销模式取得了巨大的成功，购物券和优惠券给予客户降低消费成本的机会，《冠生园商品信息手册》的发放优化了商品信息的传输渠道，客户能够更及时地了解到冠生园的商品更新信息，去冠生园消费成了客户方便、省钱的优先选项。客户黏性大幅提高，复购率显著增长，流量池逐步转变为客户池，为冠生园的市场份额和企业价值增长提供了坚实的基础。忠实的老客户、独特的广告宣传以及相应的营销宣传则为冠生园吸引更多的新客户，不断为冠生园的客户池注入新鲜血液，形成良性循环，支撑和加速了冠生园的规模增长。

除了上文中所述的购物券、优惠券和消费返利等长期性促销手段外，冼冠生还筹办过特定的大型营销活动，以便在短期内大幅度提高某种特定产品的销量。为了引领行业生产标准，获得对行业标准的影响力，冠生园每年都会在漕河泾农场举办"食品质量评审会"，邀请各界人士特别

第 9 章
冼冠生与近代中国营销模式创新

是新闻记者参会,由这些社会人士来评定冠生园食品的品质。不少记者在参会后都会撰写文章来介绍这项特殊的活动以及在活动上引人注目的冠生园食品,为冠生园扩大品牌知名度和消费者对产品的信任度起到了重要作用。

冠生园月饼"热闹活动营销"模式

1934年,冠生园的广式月饼被评为全市质量第一。冼冠生希望抓住此机会,将冠生园的月饼打造成为上海市月饼市场中的爆款产品,提高细分市场的市场份额占有率,成为该细分市场的龙头企业。

为了实现这个目标,冼冠生针对冠生园的资源能力状况,设计一个的产品营销模式。与创立之初相比,此时冠生园的资源能力状况已经发生了较大的变化。

主要有三点资源能力优势:

(1)**产品**。冠生园生产的高品质月饼在被评为全市质量第一后,冠生园的月饼已经成为行业品类质量的标杆,能为冠生园的营销活动提供坚实的基础。

(2)**品牌**。冠生园当时已经成为上海食品行业的龙头企业之一,其品牌已经获得广泛认可。虽然在月饼这个细分市场上，冠生园还不是头号生产商，但其品牌知名度可以为其提升月饼的市场份额占有率提供有力的支持。

（3）资金。鉴于此前冠生园良好的经营业绩，冠生园拥有较高的现金储备，有能力负担大规模的营销宣传活动。

针对市民想参加大型的热闹活动，而且参与活动的成本不能太高的愿望，冼冠生推出了以下三个营销活动（见图9-4）：

（1）冠生园月饼展览会。冼冠生专门包下了当时上海主要娱乐场地之一的"大世界"的一个楼面，高调举办了"冠生园月饼展览会"。展览会免费对所有市民开放，为提高展览会对市民的吸引力，冼冠生请来了冠生园的股东，也是当时上海滩红极一时的影视明星胡蝶，来为展览会剪彩。冼冠生将她会出席展览会开幕仪式的消息放给媒体，媒体立刻把冠生园月饼展览会的消息宣传得满城皆知，冠生园却无须为此支付任何费用。在会展期间，冼冠生让人拍摄了许多宣传照片，其中最为著名的一张是胡蝶横躺在红毡毯上，一只手搭着一个特大的月饼模型，旁边写着"唯中国有此明星，唯冠生园有此月饼"。冠生园将这些照片印制成宣传画报，在上海各地张贴，冠生园月饼

第 9 章
冼冠生与近代中国营销模式创新

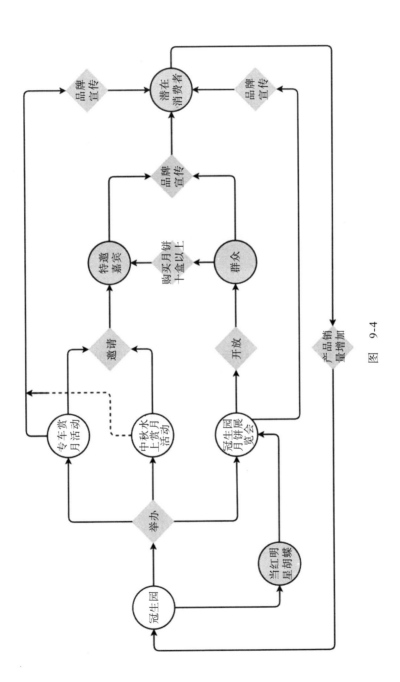

图 9-4

也随着这些精美的画报牢牢地印进了消费者的记忆里（见图9-5）。

图 9-5

图片来源：上海冠生园食品有限公司。

（2）中秋水上赏月活动。在冠生园月饼展览会结束后，冼冠生又策划推出了中秋水上赏月活动。冼冠生向上海市轮渡公司承租了一艘游览船，并结合中秋佳节的传统文化对游船进行了装饰，用作活动专轮。与此同时，冼冠生在冠生园的各大门店张贴宣传广告：凡是购买冠生园月饼十盒以上者，便可获得水上赏月券一张，持券人凭券可以于中秋之夜登船赏月和观看文艺演出，此活动一时成为人们茶余饭后谈论的焦点。

（3）专车赏月活动。冼冠生不仅举办了水上赏月活动，还将此形式搬到了路上，冠生园在中秋之夜向上海铁

第 9 章
冼冠生与近代中国营销模式创新

路局包下了七节车厢,将之装饰成"赏月专车",上车券的发放方式与水上赏月活动一样,也是购满十盒月饼便可得券一张。赏月专车在中秋之夜自北站驶向青阳港铁路花园饭店,参与人员可以在品尝冠生园的月饼和其他各种美食的同时在湖边赏月,还可以在花园饭店的草坪上观看演员和明星的表演。

冼冠生的"热闹活动营销"三板斧取得了巨大成功!三次活动过后,冠生园月饼的销量快速上涨,成为细分市场中的爆款产品,冠生园也由此成为上海地区月饼行业的龙头企业。

在冼冠生传奇的商业生涯中,交易模式创新帮助冼冠生解决了一个又一个难题,从无到有创办了冠生园食品公司,并将其发展壮大。

CHAPTER10 | 第 10 章

欧美近代商业模式趣事

弗雷德里克·图德——冰王国

在人类没有发明冷冻技术之前，冰块一直是寒冷地带的人们的专属，热带地区的人们都与之无缘，而弗雷德里克·图德的到来则打破了这一现状。1834 年夏天的一个夜晚，"马达加斯加号"载着最不可思议的货物——"冰冻的洛克伍德湖"驶入了里约热内卢港口，而这艘船的雇主，便是弗雷德里克·图德。

弗雷德里克·图德（以下简称图德）是一位年轻有为的波士顿商人，波士顿人长期在冰室中储存冬季冻结的湖水，

历史上的交易智慧：
魏朱商业模式理论视角的解析

用于在夏季制作冷饮和日常降温。而在遥远的西印度群岛，当地人压根就没有见过冰。在一次前往西印度群岛的旅途中，一位商人在与图德谈话时提及了冰的生意——鉴于当地炎热的天气，冰块能够给居民和游客的生活和旅行带来极大的便利，因此冰块在这个地区拥有巨大的商业潜力，但是从来没有人能够开发冰的商业价值，因为他们没法在保证冰块不融化的情况下将其运至西印度群岛地区。这位商人没有想到，自己的闲谈成就了图德的冰块事业。1806年春，图德便成功地把洛克伍德湖的冰块运到了西印度群岛，开启了他的辉煌事业，图德是如何做到的，如图10-1所示。

在开采冰块前，图德与看似不相干的波士顿地区的木材厂进行了交易。木材厂在生产过程中会产生一种废料——木屑，对于木材厂来说木屑没有任何的使用价值，清理和处置木屑还会造成不小的花费。基于此，图德向木材厂表示他可以帮其处置这些木屑而不收取任何费用，对于木材厂来说，将木屑交给图德不但不会造成损失，还能节省成本，双方一拍即合。通过与木材厂的交易，图德在不支付任何费用的情况下便获得了大量的木屑，而他之所

第 10 章
欧美近代商业模式趣事

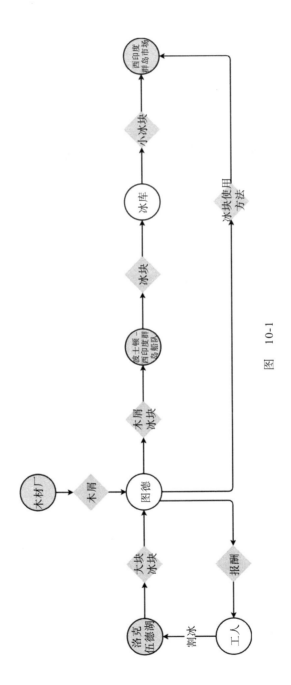

图 10-1

以要收集木屑,是为了降低冰块在运输过程中的融化损失率,用木屑包裹冰块可以更好地维持冰块的温度以减缓融化速度,这是图德在波士顿多年存冰的实践中得到的特殊方法,也是其与之前那些未能成功地将冰块运至热带地区的商人相比最重要的资源优势。

在冰块的运输上,图德采用了委托波士顿至西印度群岛航线的专职运输团队进行运输的方式。一方面,如果由图德出资组建一支专属的运输船队,虽然图德可以得到船队的所有权和使用权,但是船队的组建成本较为高昂,且存在团队磨合等运作问题,因此不适合图德处于初创发展阶段的事业。另一方面,波士顿至西印度群岛航线上的运输船队有着其特殊性,由于西印度群岛物产丰富但当地居民的消费购买力较为低下,所以绝大部分船队的业务为单程业务,即从西印度群岛将白银等贵重物品运往波士顿,而从波士顿前往西印度群岛之时则不搭载货物,这样的业务模式导致船队的运输能力不能得到有效开发,而其收益水平也受到了限制。图德利用该航线的业务特点,以较低的价格与一支船队签订了长期合作合同,利用船队前往西印度群岛之时的空置货舱来运输图德的冰块。

第10章
欧美近代商业模式趣事

在与船队签订合约之后，图德便雇用工人将冰块从冻结的湖面切割开来，用木屑包裹后装船运往西印度群岛。在冰块运至目的地后，图德并没有急于销售，因为当地居民之前并没有接触过冰，对他们来说这种用途不明的货物没有太大的价值，如果图德在此时出售冰块，很难获得收益。图德暂时将这些冰块存放在了其在西印度群岛兴建的几个冰窖之中，同时图德向该地区的消费者传播了冰的使用方法，并提供了少量冰块用于试用。不久之后西印度群岛地区的冰块需求便出现了快速增长，而唯一的垄断供应商图德也因此获得了可观的收入。在图德的冰块事业中，他通过帮助木材厂处理木屑问题的方式免费获得了用于保温的木屑，同时运用长期锁定交易的方式以及运输船队的业务特点来降低运输成本，而冰块的生产成本仅为支付给劳工的少量报酬。图德创造一种低成本的商业模式，通过创造需求的方法开辟了广阔的市场，并最终成就了自己的热带冰王国。

在商业模式构建过程中，图德选择将木材厂和原来只有单趟运输业务的运输船队作为自己的交易主体，通过交易，降低了木材厂的废料处理成本，提高了运输船队的收益,增加了交易各方的收益,基于收益的预期增长,木材厂与运输船队十分乐于与图德进行交易,因而整个交易过程中的交易成本相对较低,图德通过选择具有较强经济性的交易主体,有效控制了成本,提高了项目收益水平,为其冰王国的建立提供了巨大助力。

伊丽莎白女王,把海盗转化为利益相关者

伊丽莎白一世是英国历史上著名的女王,在其统治期间,英国的国力不断发展壮大,成为一个海上强国,为后来"日不落帝国"的建立奠定了坚实的基础。因为其辉煌的功绩,伊丽莎白女王又被后人荣称为"世界凤凰",也因其终身不嫁的经历,被称为"童贞女王"。但是,在女王统治初期,英国面临巨大的挑战,女王不得不应对财政和国际关系两大难题。财政问题上,前任国王给伊丽莎白留下了大笔的债务,而英国政府信用水平下降导致的通货膨胀使局势进一步恶化。为了国家的骄傲和君主的尊严,伊丽莎白女王穿着奢华的王室服装,豢养了大量的奴仆,开展盛大豪华的乡间巡游,每一次招待的费用都高达两三千英镑,国家财政无法支撑繁重的王室生活费用和战事费用。

第 10 章
欧美近代商业模式趣事

伊丽莎白即位后，英国频繁面临战事，仅 1585～1602 年期间的征兵总数便超过 10 万人。政府需要为军人提供军饷和相应的军事装备，还需承担战时的巨大损耗。上述资金、战争等因素引起了共振，使英国政府陷入了财政困境。伊丽莎白女王急需金银货币来满足国家财政支出和王室开销。国际关系上，英国不得不直面当时的第一强国西班牙。一方面，1580～1640 年，西班牙将葡萄牙合并，成为当时世界上最有实力的国家，独占主要的海上贸易和来自美洲的金银。而在英国财政困难情况下，伊丽莎白女王极力开源节流，公开宣称，英国的商人需要英国的战舰保护，试图增加贸易活动的收益，但此行为遭到了西班牙的反对和干预，西班牙对英国重要贸易伙伴尼德兰进行了军事镇压、财政压榨和宗教迫害，大大损害了英国和尼德兰的传统贸易关系。另一方面，伊丽莎白即位之前，英国曾经恢复了天主教的宗教地位，时任女王玛丽奉行天主教，并且与西班牙国王联姻。而伊丽莎白即位后却重新选择了新教，同时主张宗教宽容。西班牙则因支持英国内部天主教的反叛势力而与伊丽莎白政府公开对峙，两国矛盾公开化并进一步激化。伊丽莎白政府面临着巨大的挑战，国内纷乱不宁，

历史上的交易智慧：
魏朱商业模式理论视角的解析

国库空虚，军队装备低劣，海军力量衰弱，也无力与西班牙对抗。那么，要如何破解这个困局呢，女王给出了意想不到的解决方案，具体方案如图10-2所示。

在伊丽莎白统治时期，西欧地区特别是英国（海洋国家）有很多海盗，历届英国政府都秉持着打击海盗保护商船的高压政策，但由于海盗形影无踪，军事打击行动往往耗费巨大而成果微小，在财政困难的背景下，伊丽莎白政府更是无力贯彻先前的政策。

伊丽莎白女王对原有的模式进行了重构，不再将海盗当作外部风险来对待，而是将其转变为自己的利益相关者，并与之进行交易。

伊丽莎白女王的资源能力优势在于自己是国家君主，有权授予他人头衔和荣誉；面临的问题是财政资金短缺和皇家海军无法有效对抗西班牙的"无敌舰队"。海盗的资源能力恰恰相反，海盗的生存方式赋予了其强大的战斗力和庞大的财富资源，但由于海盗行径为各国所不齿，没有社会地位。显然，伊丽莎白女王和海盗之间存在较强的资源能力互补性。

伊丽莎白女王构建了以下交易模式：女王代表英国政

第 10 章
欧美近代商业模式趣事

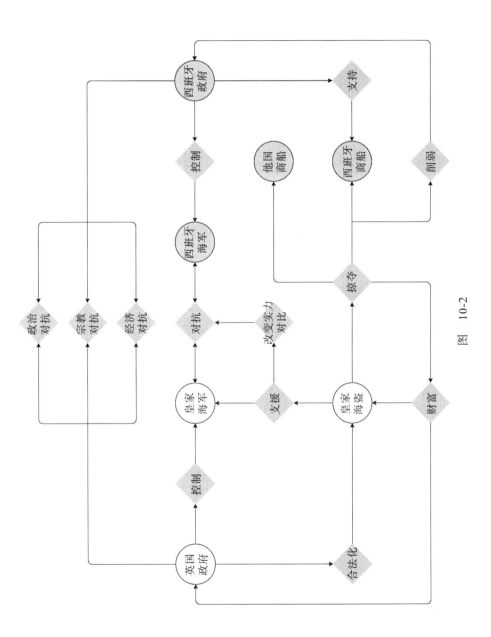

图 10-2

历史上的交易智慧：
魏朱商业模式理论视角的解析

府与以德雷克为代表的英国海盗合作。女王亲自为德雷克封爵，并任命其为英国皇家海军中将，其属下的海盗们也转变为皇家海军特别部队，被戏称为"皇家海盗"。女王方面提供的交易标的物为荣誉，海盗们则以财富和军事力量作为交易标的物，海盗劫掠商船（主要是西班牙商船）所得的财富与伊丽莎白女王分成；同时，德雷克等海盗还协助英国皇家海军的正规部队对抗西班牙"无敌舰队"。

通过交易，伊丽莎白女王获得了大量财富，还增强了英国对抗西班牙霸权的力量，而以德雷克为首的海盗集团获得了社会地位，成为皇家海军的一部分，还可以在英国政府的支持下公开劫掠西班牙商船，为自己的劫掠行为披上了合法的外衣，双方都得到了自己需要的资源能力。从交易成本角度看，伊丽莎白女王没有付出什么实质性的成本，只是授予了荣誉头衔，即使将海盗编入皇家海军序列，英国政府也无须提供辎重军饷，后者可以自给自足。此外，伊丽莎白政府还可以节省下原来用于打击海盗的军事费用，差遣皇家海盗来完成部分军事行动，还可以帮助英国政府节省军事开支。综合来说，伊丽莎白政府从此次交易中获得了很大的收益。海盗方面，虽然每次劫掠的财富需要和

第 10 章
欧美近代商业模式趣事

伊丽莎白女王进行分成，但是有政府支持的情况下，海盗们劫掠的效率会大大提升，总体收益的增长使得分成后海盗的收益不减反增。在进行交易前，海盗的存在对于伊丽莎白政府而言是在进行商贸交易时需要防范的一种外在风险，通过与英国海盗进行交易，伊丽莎白女王成功地降低了海盗对英国商贸交易的威胁（他国海盗的威胁仍在），还创造了大量的收益，实现了风险减轻+风险转移。

雷诺兹，创新骆驼牌香烟营销模式

浩瀚无边的黄色沙漠，高大而神秘的埃及金字塔，富有东方韵味的棕榈树，一个昂头天外、傲视世间的骆驼正驻足于沙海之中，这幅图景在20世纪初曾风靡美国，也是"骆驼"牌香烟包装上的图片。"骆驼"香烟是一种混合了具有浓郁芳香的土耳其烟草和烟劲强烈的弗吉尼亚烟草的混合型香烟，已经问世百余年，是世界上名牌香烟中的常青树，而其创造者理查德·雷诺兹，则是世界香烟行业中的传奇人物。

理查德·雷诺兹，出生于1851年，著名的香烟大王，知名香烟品牌"骆驼"香烟的缔造者，雷诺兹在24岁时便

历史上的交易智慧:
魏朱商业模式理论视角的解析

进入香烟行业,于 1913 年创立了"骆驼"香烟,之后"骆驼"便凭借自身优良的品质和雷诺兹出众的营销能力快速崛起,发展成为称霸美国香烟行业数十年的知名品牌。今天我们要讨论的是雷诺兹在"骆驼"香烟崛起过程中所使用的营销手段(见图 10-3)及其中所蕴含的交易思维。

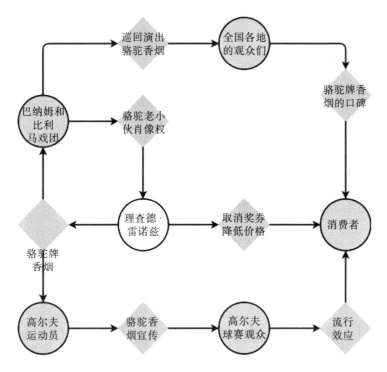

图 10-3

第 10 章
欧美近代商业模式趣事

　　雷诺兹对"骆驼"香烟的营销手段主要是与三个交易对象交易：巴纳姆和比利马戏团、高尔夫球运动员以及消费者，交易的标的物包括"骆驼"香烟和骆驼"老小伙"的肖像权，在交易过程中雷诺兹承担了绝大部分交易风险。

　　巴纳姆和比利马戏团是当时一个知名度较高的马戏团，其团队之中有一头叫作"老小伙"的明星骆驼，马戏团长期在美国各州巡演，在他到温斯顿－萨拉姆进行演出之时，雷诺兹来到了马戏团并与其负责人达成了如下协议：巴纳姆和比利马戏团给予雷诺兹"老小伙"的肖像使用权，而雷诺兹将免费向马戏团提供一批"骆驼"香烟作为马戏团演出过程中向观众发放的礼物。马戏团通过提供无成本的骆驼肖像使用权，获得了雷诺兹提供的香烟，可以节省下原本用于采购礼品的预算，同时作为"骆驼"香烟图案形象的来源，马戏团还获得了自身知名度进一步提升的可能性。而雷诺兹则通过交易获得了"老小伙"肖像的使用权，同时获得了通过巴纳姆和比利马戏团这个平台宣传自己产品的机会。事实证明后来马戏团的巡演将让全国各地的观众认识了"骆驼"香烟，而这些观众又将"骆驼"香烟的名字扩散至其亲朋好友，极大地提高了"骆驼"香烟的知

历史上的交易智慧：
魏朱商业模式理论视角的解析

名度，雷诺兹虽然承担了这批香烟的制造成本，却节省下了一大笔宣传费用，而马戏团的名声也因为"骆驼"香烟得到了进一步提升，交易的双方都获得了利益并形成了良性的循环。

当普通民众通过零售和马戏团了解到"骆驼"香烟之时，美国社会的精英人士也从另一个途径——高尔夫球比赛认识了这个新品牌。1920年，一场高尔夫球比赛的过程中，一位知名的高尔夫球运动员突然停止了挥杆，并走向观众席向观众索要了一支"骆驼"香烟，"为了一支骆驼香烟，我愿意走一里路"，这位高尔夫球员一边点火一般风趣地说道。高尔夫球员的这句话随即变成了一句流行语，在美国精英阶层中快速传播开来，"骆驼"香烟也变成了一种潮流，而这种潮流大幅提升了"骆驼"香烟的销售量。多年以后，人们才知道那位"临时"想抽"骆驼"香烟的知名高尔夫球运动员，其实是雷诺兹的广告合作伙伴，而那位递烟的"观众"，则是"骆驼"香烟广告代理公司的职员。

雷诺兹还直接与消费者进行了一笔交易。由于香烟品牌的不断增多，各香烟制造商为了争夺客户而推出了一系

第 10 章
欧美近代商业模式趣事

列的营销手段,例如在香烟盒中附赠兑换券,消费者在凑齐一定数量的兑换券之后便可以兑换香烟。雷诺兹发现消费者对于这些营销手段并不感冒,而是更希望产品的质量更加稳定。基于此,雷诺兹采取了反向的营销措施,"骆驼"香烟不使用任何奖券或奖金,并在包装盒上印上了一句标语"骆驼香烟禁止使用奖券或奖金,请不要期待它们",同时将奖券的价值直接变现,将"骆驼"香烟的价格下调至 10 美分一包,"骆驼"的措施使得消费者获得了更为直接的收益,受到了消费者们的欢迎,因而也快速从众多品牌的竞争中脱颖而出。

三条途径三管齐下,雷诺兹的营销模式获得了巨大的成功。1913 年末,"骆驼"香烟成为美国第一种在全国范围内销售的香烟品牌;1915 年"骆驼"香烟销售额达 23 亿美元;1917 年销售额突破 110 亿美元,成为美国香烟行业当之无愧的领军企业。虽然雷诺兹在 1919 年便去世了,但其商业精神和交易智慧却一直激励和鼓舞着这个品牌不断向前发展,最终成为一个世界知名品牌。

历史上的交易智慧：
魏朱商业模式理论视角的解析

哈默的珍宝王国

阿曼德·哈默，犹太裔，美国纽约人，其在商业领域所取得的成就为世人津津乐道。人们在谈及哈默时，多关注于其对于商机的准确判断和与各国政府首脑的紧密关系，认为这是他取得如此成就的主要原因，而没有去仔细研究他所构建的商业模式的交易特点。重读哈默的商业故事，我们发现哈默拥有非同凡响的交易思维，在同时期的企业家们还在追求向上下游产业进行纵向扩张，不断做加法之时，哈默已经开始做减法，以自己的优势资源能力为核心，只做整个产业链中的一环，同时通过交易的方法来调动他人的资源能力为自己服务，以较少的代价获得较高的回报，这才是其成功之道。

威廉·伦道夫·赫斯特是美国出版界大亨，同时也是一位狂热的珍宝收藏家，曾收集了大量艺术珍宝。1930年代中期，由于得罪了白宫高层和银行界的金融大亨，赫斯特的出版生意遭受了沉重打击，不得不寻求通过出售其艺术收藏品来筹集资金。

赫斯特将珍品的销售事项交给了代理机构——国际艺术画室公司，一开始该公司向美、英、法和其他欧洲国家

第 10 章
欧美近代商业模式趣事

中较有名气的美术馆推销这些珍宝,但这些美术馆对于此事反应十分冷淡。国际艺术画室公司又试着采用拍卖的方式来吸引私人收藏家购买,但也以失败告终,赫斯特的收藏品陷入了滞销状态,事业危机也因缺少资金而愈演愈烈。此时,哈默带着他的珍宝交易模式出现了,成功地挽救了赫斯特的危局,珍宝交易模式的具体流程如图 10-4 所示。

在哈默设计的珍宝交易模式中,有四个主要的交易对象,分别是赫斯特、金贝尔百货公司、新闻媒体和顾客。其中,赫斯特拥有的资源能力主要是其丰富的收藏,其诉求是将这些收藏品以合理的价格出售换取资金;金贝尔百货的资源能力体现在其庞大的客户资源、人流量以及良好的商业地理位置;新闻媒体的资源能力在于其强大的社会宣传能力,其诉求是找到吸引人眼球的新闻话题;顾客群体所拥有的资源能力在于其潜在购买力,但由于身份限制,他们之中很多人没有机会参加传统的艺术品拍卖会。

哈默首先与赫斯特签订了代理合约,赫斯特授权哈默全权代理销售其艺术珍品,以销售利润的部分提成作为哈默的报酬。在销售方式上,哈默并没有采取艺术品的传统销售方式——拍卖,而是选择与百货公司合作展销。他认

历史上的交易智慧:
魏朱商业模式理论视角的解析

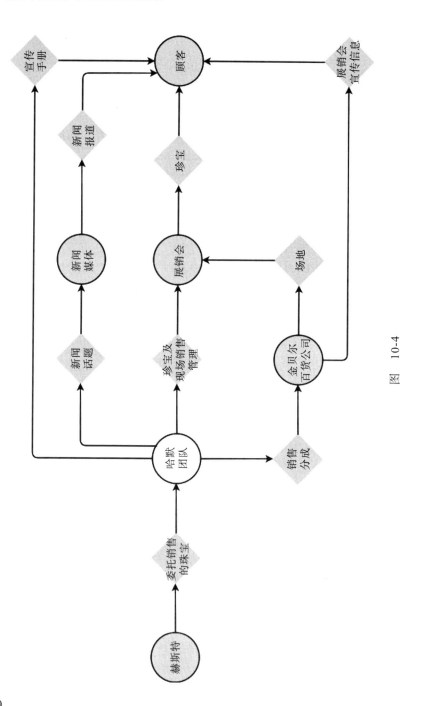

图 10-4

第 10 章
欧美近代商业模式趣事

为传统的拍卖模式的客户群体范围小,在经济环境不佳的情况下拍卖,销售额会大打折扣,而与百货公司进行合作展销可以扩大客户基础,更好实现其销售目标。哈默与金贝尔百货公司签订了合作协议,按照协议,金贝尔百货公司提供其商场里地理位置最优的展台作为展销场地,并对其原有的客户进行展销会的宣传。展销过程中的销售管理则由哈默及其销售团队负责,金贝尔公司与哈默的团队平摊除场地费用外的其他销售成本,按比例对销售利润进行分成。在与金贝尔百货达成合作协议后,哈默开始对展销活动进行宣传,他没有采用金贝尔百货公司董事会提出的聘请宣传推广公司的建议,而是与《纽约时报》《纽约邮报》等新闻媒体进行了一笔交易,哈默将其展销相关资料整合成为一个吸引人眼球的新闻故事,免费提供给各大媒体,满足了其新闻报道的需求。各媒体对于此次展销活动的报道则是为哈默提供了最好的宣传服务,同时哈默还组织印刷了相关艺术品的介绍手册,发放给民众,双管齐下,取得了显著的宣传成果。不到一年时间哈默就完成了 1.1 亿美元的销售指标,成功解救了赫斯特的困局。

在此次珍宝销售活动中,哈默采用了利润分成模式,赫斯特、哈默自己的团队以及金贝尔百货公司三者形成了利益共同体，有效调动了各方积极性，同时与媒体进行交易，降低了宣传成本，提高了总收益。哈默的交易思维，为此次艺术品拍卖的重大胜利奠定了基础。

可口可乐——特许装瓶模式助力全球扩张

可口可乐公司是成立于1886年的碳酸饮料企业，已经将它的旗帜插到了全球各地。目前，全球每天有17亿人次的消费者消费可口可乐公司的产品，可口可乐公司每秒大约能够售出19 400瓶饮料。可口可乐公司是如何从一家名不见经传的小型企业发展到现在的商业帝国的呢？答案是——特许经营模式。

在可口可乐公司成立后的前四十年里，可口可乐公司一直循规蹈矩地按传统饮料/酒类制造商的常规发展道路发展，虽然在配方上建立了自己独特的资源能力优势，但在资金、市场影响力、生产规模上仍然存在较大的缺陷，不能够支撑企业进行快速有效的扩张，企业的经营收益水平相对较低。为改变这种局势，可口可乐重构了其商业模式，采取了特许经营模式，改变了公司与各地经销商的交易模式，重构的商业模式如图 10-5 所示。

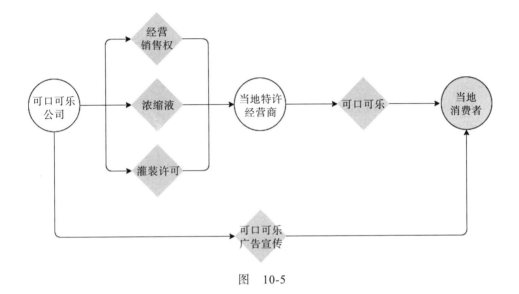

图　10-5

在原有交易模式下，可口可乐公司与各地经销商之间的交易只是单纯的产品买卖，可口可乐公司将可乐批量卖给各地区的经销商，再由经销商向地区市场内的消费者销售可乐，在此过程中可口可乐公司需要承担全部的生产成本和将成品运输至各地区的运输成本，而经销商只需要承担后续的销售成本。

实行特许经营模式后，可口可乐与各地经销商之间的交易方式发生了变化，经销商不再是单纯的中间销售商，而是成为可口可乐公司在该地区的有限合伙人，可口可乐公司向各地经销商出售使用自有配方制造的浓缩液，并授予后者灌装许可权和经营销售权，而经销商则需为这些特许权益向可口可乐公司缴纳费用，生产销售所得收益也需要与可口可乐公司进行分成。通过实行特许经营模式，可口可乐公司将自身的定位由饮料生产商转变成了浓缩液生产商，生产经营的效率大幅提高，由于浓缩液的体积较小，运输成本大幅下降，而除浓缩液外的其余生产成本也被转移给经销商。特许经营模式还改变了经销商的收益模式，有效调动了经销商的积极性，为销售收益的提高提供了动力。随着成本的下降和收益的提高，可口可乐公司的经营风险得到了有效控制，为其后续的扩张提供了保障。

特许经营模式帮助可口可乐公司实现了在美国国内的快速扩张，但是却没能帮助可口可乐打开国外市场。由于可口可乐公司在国外市场的市场知名度不够高，所以可口可乐公司既没有跨国经营的经验，也无法有效地辨识国外经销商的可靠性，开拓国外市场的成本和风险较高，而且仅凭可口可乐公司自身的资源能力，很难同时开拓多个国外市场。恰逢第二次世界大战爆发，可口可乐公司精准地

第 10 章
欧美近代商业模式趣事

抓住了这个机会,与美军进行了交易,成功地通过特许经营的方式,将可口可乐推向了世界(见图10-6)。

战争期间,美军士兵在异国作战,对家乡的思念之情尤为浓厚,带着这种情绪军队战斗力受到了很大的影响,美军高层需要找办法解决这一问题,而他们找到的办法就是可口可乐。美军士兵反映,饮用可口可乐可以让他们感觉到和在家里一样,有助于提升战斗力,美军司令部遂开始大批量采购可口可乐运往前线。此时,可口可乐公司主动向美军司令部发出了交易邀约,表达了自己在全球各美军驻扎基地附近建造特许经营的灌装工厂的想法,并表示将通过这些工厂向战时的美军提供大量可口可乐,以便为美军尽一份绵薄之力。但是,由于自身资金和人员数量较少,希望美军可以在建设灌装工厂的问题上提供一些帮助。为了满足军需,美军司令部欣然答应了可口可乐公司的请求,与之进行了交易。

可口可乐公司以低价、批量、及时提供可乐为交易标的物,换取了美军对灌装基地建设的资金和劳动力支持,一批可靠的海外灌装基地迅速建立起来,为可口可乐公司后来在欧洲、亚洲和大洋洲市场站稳脚跟提供了巨大的助

历史上的交易智慧：
魏朱商业模式理论视角的解析

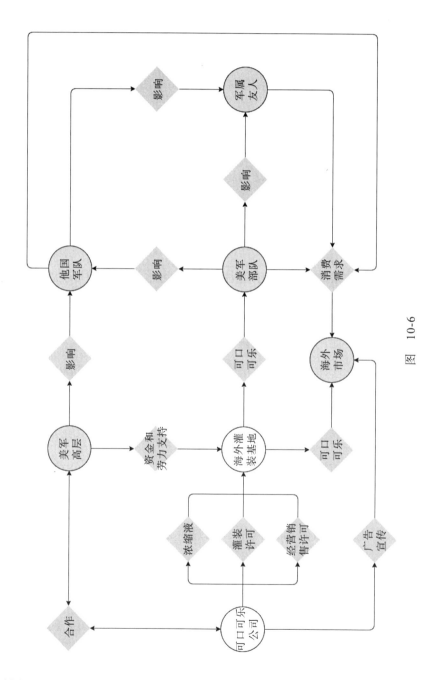

图 10-6

第 10 章
欧美近代商业模式趣事

力,也为可口可乐公司在海外实行特许经营模式提供了实践机会(这些灌装厂在战时便由当地的特许经营者经营)。还收获了大批的忠实客户——美军士兵,在战争结束后,这些士兵对可口可乐的偏好被他们传导给了其他国家的士兵以及他们的家人,在战后这些人为可口可乐销量的大幅增长提供了强大的助推力。通过与美军的交易,可口可乐公司成功地降低了在海外实行特许经营的试错成本,打响了品牌知名度,二战后为公司创造了大量的收入。

| REFERENCES |

参考文献

[1] 陈文德. 范蠡大传 [M]. 北京：九州出版社，2006.

[2] 齐廉允，谭景玉. 货殖列传：中国传统商贸文化 [M]. 济南：山东大学出版社，2018.

[3] Hamel G. Leading the Revolution[M]. Boston, Harvard Business School Press，2003.

[4] Afuah A, Tucci C. Internet Business Models and Strategies[M]. New York：McGraw-Hill Higher Edition，2002.

[5] Osterwalder. The Business Model Ontology—A Proposition in a Design Science Approach[M]. Universitéde Lausanne，2004.

［6］ Johnson M W, Christensen C M and Kagermann H. Reinventing Your Business Model [J]. Harvard Business Review, 2008,vol. 86, pp.50~59.

［7］ 司马迁. 史记 [M]. 北京：北京联合出版公司，2016.

［8］ 余耀华. 范蠡：从兵家奇才到东方商圣 [M]. 北京：新华出版社，2012.

［9］ 金灿泽. 范蠡全传 [M]. 呼和浩特：内蒙古出版集团，2013.

［10］ 李山，轩新丽. 管子 [M]. 北京：中华书局，2019.

［11］ 高士荣. 秦国商鞅变法中《分户令》的重大意义 [J]. 西安财经学院学报，2013.

［12］ 石磊. 商君书 [M]. 北京：中华书局，2018.

［13］ 康德文. 关于"假田"的几个问题 [J]. 陕西师范大学学报（哲学社会科学版），1998，24（2）.

［14］ 贾兵强，普戡倪. 桑弘羊财政思想及其当代价值 [J]. 学理论，2020.

［15］ 谭建立. 论桑弘羊的理财思想与举措 [J]. 财政史研究，2015.

［16］ 南南. 西汉理财大家桑弘羊 [J]. 时代青年（月读），

2008.

[17] 晋文. 桑弘羊与西汉盐铁官营 [J]. 江苏大学学报（社会科学版），2010，12（4）.

[18] 吴慧. 桑弘羊研究 [M]. 济南：齐鲁书社，1981.

[19] 马元材. 桑弘羊传 [M]. 郑州：中州书画社，1981.

[20] 陈桐生. 盐铁论 [M]. 北京：中华书局，2015.

[21] 班固. 汉书 [M]. 北京：中华书局，2007.

[22] 范晔. 后汉书 [M]. 北京：中华书局，2014.

[23] 钱穆. 国史大纲 [M]. 北京：商务印书馆，2013.

[24] 齐涛，马新. 刘晏 杨炎评传 [M]. 南京：南京大学出版社，2006.

[25] 脱脱. 宋史 [M]. 北京：中华书局，1985.

[26] 欧阳修，宋祁. 新唐书 [M]. 北京：中华书局，1975.

[27] 张呈忠. "抑配民户"与"形势冒请"：北宋青苗法五十年的官贷困境 [J]. 人文杂志，2016（7）.

[28] 刘丹. 唐代盐政改革探析 [D]. 福州：福建师范大学，2012.

[29] 杨乙丹，王亚楠. 道义的偏离与创新的失败：传统农贷制度视角下北宋青苗法之再考量 [J]. 古今农业，

2013（2）.

[30] 李金水. 熙丰时期农田水利法取得的主要成果及其原因[J]. 中国社会经济史研究，2006（3）.

[31] 席文. 王安石保甲法研究：以兵制和乡里制度的变革为视角[D]. 济南：山东大学，2012.

[32] 于晓航. 北宋熙宁变法时期的"保马法"[J]. 学理论，2018.

[33] 卢太康. 对"王田制"及王莽改制失败的一些认识[J]. 大同职业技术学院学报，2001，15（3）.

[34] 孟聚. 王田制是以限田为目的的原始均田制[J]. 许昌师专学报（社会科学版），1984，（4）.

[35] 苗青. 盛宣怀与近代上海社会[D]. 上海：上海师范大学，2010.

[36] 欧七斤. 盛宣怀与中国教育早期现代化——兼论晚晴绅商兴学[D]. 上海：华东师范大学，2012.

[37] 宋凤英. "近代中国第一代实业家"盛宣怀[J]. 文史天地，2014.

[38] 陈礼茂. 中国通商银行的创立与早期运作研究[D]. 上海：复旦大学，2004.

[39] 周积明，丁亮. 盛宣怀与上海电报局改制 [J]. 清史研究，2019，（3）.

[40] 韩晶. 晚晴中国电报局研究 [D]. 上海：上海师范大学，2010.

[41] 季晨. 盛宣怀与轮船招商局（1885—1902）[D]. 上海：华东师范大学，2012.

[42] 夏东元. 盛宣怀传 [M]. 天津：南开大学出版社，2021.

[43] 陈旭麓，顾廷龙，汪熙. 盛宣怀档案资料 [M]. 上海：上海人民出版社，2016.

[44] 中国人民银行山西省分行，山西财经学院《山西票号史料》编写组. 山西票号史料 [M]. 太原：山西经济出版社，2002.

[45] 赵莉莎. 日升昌票号的经营网络研究 [D]. 厦门：厦门大学，2006.

[46] 巩丽. 观古鉴今话票号：从中国第一家票号日升昌看晋商精神 [J]. 文物世界，2013.

[47] 王玉爱. 从日升昌票号兴衰看清代金融业发展 [J]. 文史月刊，2017（6）.

[48] 兰日旭，兰如清. 山西票号顶身股机制再探析 [J]. 福建师范大学学报（哲学社会科学版），2014（5）.

[49] 刘拥军，刘焱华. 讲规矩是银行员工的基本品质：从日升昌票号号规说开去 [J]. 中国银行业，2015.

[50] 赵尔巽，等. 清史稿 [M]. 北京：中华书局，1977.

[51] 薛家柱，二月河. 胡雪岩 [M]. 武汉：长江文艺出版社，2016.

[52] 何鑫渠. 走进胡庆余堂：杭州胡庆余堂简史 [J]. 中医文献杂志，1999（4）.

[53] 余闻. 诚信如舟行天下：讲述百年老字号胡庆余堂的故事 [J]. 首都医药，2013.

[54] 林学武. 胡雪岩全传 [M]. 武汉：华中科技大学出版社，2014.

[55] 高阳. 红顶商人胡雪岩 [M]. 南京：江苏文艺出版社，2017.

[56] 胡远杰. 靠"陈皮梅"发家的上海冠生园 [J]. 档案春秋，2007.

[57] 韩建. 冼冠生和冠生园 [M]. 广州：广东人民出版社，2018.

[58] 约翰逊. 我们如何走到今天：重塑世界的 6 项创新 [M]. 秦启越，译. 北京：中信出版集团，2016.

[59] 阿伯特. 伊丽莎白女王：至尊红颜与都铎王朝勃兴 [M]. 黄彩霞，译. 北京：华文出版社，2018.

[60] "骆驼牌香烟"创始人 理查德·雷诺兹 [J]. 财经界，2008（3）.

[61] 哈默. 哈默自传 [M]. 雷鸣夏，译. 广州：广州文化出版社，1989.

[62] 康西丁. 哈默传 [M]. 刘湖，等译. 北京：知识出版社，1983.

[63] 埃尔莫尔. 可口可乐帝国：一部资源掠夺史 [M]. 林相森，张雪媛，译. 上海：格致出版社，2018.

[64] 彭德拉格拉斯. 可口可乐传：一部浩荡的品牌发展史诗 [M]. 高增安，马永红，李维余，等译. 上海：文汇出版社，2017.

魏朱六要素商业模式系列丛书

超越战略：商业模式视角下的竞争优势构建
作者：魏炜 张振广 朱武祥　ISBN：978-7-111-57064-6　定价：99.00元

升维思考，定义差异竞争维度；降维攻击，重构竞争时空格局

商业模式的经济解释 II
作者：魏炜 朱武祥 林桂平　ISBN：978-7-111-48512-4　定价：59.00元

将单个企业的边界打破，开创性地提出了商业模式共生体、商业模式设计工程学等新概念、新方法、新思想，使企业的商业模式设计有依据、有途径、有方法，更加系统化。

发现商业模式
作者：魏炜 朱武祥　ISBN：978-7-111-25445-4　定价：38.00元

北大清华教授联手合作，推出原创管理模型
好的商业模式可以举重若轻，化繁为简，在赢得顾客、吸引投资者和创造利润等方面形成良性循环，使企业经营达到事半功倍的效果。

商业模式的经济解释：深度解构商业模式密码
作者：魏炜 朱武祥 林桂平　ISBN：978-7-111-38128-0　定价：36.00元

"魏朱六要素商业模式"模型深度解构
揭示商业模式设计原理和可循路径

重构商业模式
作者：魏炜 朱武祥　ISBN：978-7-111-30892-8　定价：36.00元

无论企业大小，无论行业，在企业六个生命周期中的三个阶段，最有可能毁灭一个企业，也最有可能成就一个企业。其差别就在于——是否进行了商业模式重构

透析盈利模式：魏朱商业模式理论延伸
作者：林桂平 魏炜 朱武祥　ISBN：978-7-111-46569-0　定价：39.00元

"魏朱六要素商业模式"核心要素深度诠释
工具化盈利模式的创新与设计